I0166748

V 14.068

LE

LIVRE TAILLEUR

ENSEIGNANT

LA COUPE DES VÊTEMENTS

EN QUINZE MINUTES AVEC DÉMONSTRATIONS ET EN UNE HEURE SANS MAÎTRE

PAR

Jules DEXPAX (DE SAMATAN)

EX-COUPEUR DE PARIS

OUVRAGE ORNÉ DE 32 PLANCHES

PARIS

CHEZ LES PRINCIPAUX LIBRAIRES

1871

TOUS DROITS RÉSERVÉS

LE LIVRE TAILLEUR

ENSEIGNANT

LA COUPE DES VÊTEMENTS

V 14059

ABBEVILLE

IMPRIMERIE BRIEZ, C. PAILLART ET RETAUX

C.

LE
LIVRE TAILLEUR

ENSEIGNANT

LA COUPE DES VÊTEMENTS

EN QUINZE MINUTES AVEC DÉMONSTRATIONS ET EN UNE HEURE SANS MAITRE

PAR

Jules DESPAX (DE SAMATAN)

EX-COUPEUR DE PARIS

OUVRAGE ORNÉ DE 32 PLANCHES

PARIS

CHEZ LES PRINCIPAUX LIBRAIRES

—

1871

TOUS DROITS RÉSERVÉS

LE LIVRE TAILLEUR

ENSEIGNANT

LA COUPE DES VÊTEMENTS

DE TOUTES TAILLES ET DE TOUTES FORMES

Il n'est peut-être pas d'apprentissage plus long que celui du Tailleur d'habits.

On a écrit des traités sur la matière, mais, outre qu'ils sont d'un prix presque inabordable pour la plupart des ouvriers Tailleurs, ils enseignent des méthodes si vagues et si incomplètes qu'ils n'ont pu jusqu'à ce jour abréger d'une heure le temps si long de l'apprentissage.

Un praticien s'est imposé quinze années d'études et d'observations, et il en a consigné le résultat dans ce livre, qui va devenir le manuel indispensable de quiconque voudra habiller son semblable.

Cet ouvrage comprend plus de 900 modèles adaptés à toutes les tailles. Ces modèles ont tous été essayés et rectifiés, et comprennent toutes les formes inventées par MM. les Tailleurs depuis trente années. — Une heure d'étude suffit pour s'en servir avec succès.

Ce travail offre, pour avantage, le moyen d'avoir dans cent ans les formes qui se portent aujourd'hui sans avoir besoin de les étudier.

INSTRUCTION UNIQUE POUR TRACER LES MODÈLES.

Pour obtenir le tracé d'un modèle quel qu'il soit, on opère comme il suit :

1° On tire une ligne verticale et une ligne horizontale formant l'équerre ;

2° On place le centimètre n° 1 à l'angle des deux lignes en suivant l'horizontale et en marquant par un point, au moyen d'un morceau de craie, toutes les distances indiquées sur ce livre qui sont en face de la ligne horizontale ;

3° Il faut tirer des lignes verticales sur tous ces points, et d'équerre ;

4° Il faut établir sur ces lignes tous les points qui sont en face de la ligne verticale, ainsi dénommée et représentée par son véritable nom : en faisant un tracé d'un point à l'autre ; le modèle est fait.

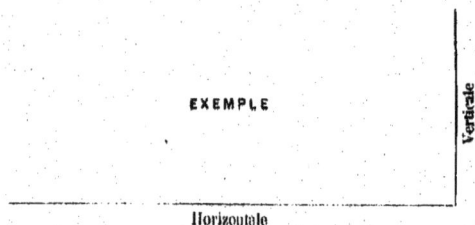

EXEMPLE

Verticale

Horizontale

MANIÈRE DE PRENDRE MESURE DES GRANDES PIÈCES.

LES GROSSEURS SONT PRISES PAR MOITIÉ PARTOUT.

Première mesure.	Longueur de taille		49
2e	id.	Longueur totale	101
3e	id.	Largeur de carrure	20
4e	id.	Longueur du coude	53
5e	id.	Longueur totale de la manche	85
6e	id.	Grosseur de poitrine	49
7e	id.	Grosseur de ceinture	46

On peut prendre une infinité d'autres mesures pour faire plaisir au client, sans cela il pourrait croire que le vêtement ne pourrait pas lui aller.

NOTA. — Les mesures de grosseur de poitrine doivent être prises justes, sans serrer le centimètre, et directement sous les bras.

MANIÈRE DE PRENDRE MESURE DES COCHEMANNS.

Première mesure.	Longueur totale		100
2e	id.	Largeur de carrure	20
3e	id.	Longueur du coude sans déranger le centimètre	53
4e	id.	Longueur totale de la manche	85
5e	id.	Grosseur de poitrine	47
6e	id.	Grosseur de ceinture	42

Pour tous les vêtements de fantaisie, la mesure se prend de la même manière.

MANIÈRE DE PRENDRE MESURE DES GILETS.

Première mesure, Longueur totale de la nuque au dessous de la ceinture du
pantalon 67
2e   id,   Grosseur de poitrine prise juste sous les bras 48
3e   id,   Grosseur de ceinture 42
4e   id,   Hauteur du châle de la nuque à l'ouverture du gilet, . . . 32
5e   id,   Hauteur des hanches de la nuque à la hanche pour les bouts, 53

Celui qui saura prendre mesure saura couper. (Un coupeur a dit avec raison :
Mesurer deux fois et couper une.)

MANIÈRE DE PRENDRE MESURE DES PANTALONS.

Première mesure, De la hanche à la naissance du talon 107
2e   id,   De la fourche à la naissance du talon 82
3e   id,   Grosseur de ceinture 40
4e   id,   Grosseur de bassin 49
5e   id,   Grosseur de cuisse 33
6e   id,   Grosseur du genoux 24
7e   id,   Largeur du bas 22

Il n'y a qu'une manière de bien couper le pantalon ; il s'agit de savoir la bonne.
Celui qui ne voudra pas faire des recherches qui lui demanderaient trop de temps
n'a qu'à se reporter à mes pantalons en appliquant les mesures de longueur : il est
sûr du succès.

DES DIFFÉRENTES ÉPAISSEURS D'ÉTOFFES.

Lorsque vous aurez à couper une étoffe d'été mince, et que le client portera
46 centimètres de grosseur de poitrine, vous prendrez un modèle de 44 de grosseur
de poitrine. Si le client porte 46 de grosseur de poitrine, vous prendrez un modèle
de 48, si c'est une étoffe d'hiver. Si le client porte 48 de grosseur de poitrine,
vous prendrez un modèle de 52 si c'est une étoffe très-épaisse, ou si le vêtement
est ouaté, sans cela vous feriez toujours les vêtements trop larges ou trop étroits.

Les gilets ne sont pas soumis à la même règle. Cependant, si, quand vous prendrez mesure, le client avait un gros gilet, il faudrait serrer le centimètre ou
prendre mesure sous son gilet, sans cela il serait trop large. Cela m'est arrivé
souvent...

CONSEILS A MM. LES TAILLEURS.

ILS VALENT A EUX SEULS 100 FOIS LE PRIX DE L'OUVRAGE.

Pour éviter une foule de poignards, beaucoup d'ennuis et passablement de retouches, voici ce que vous avez à faire : A la morte saison, faites-vous une série de modèles bien réglés et ajustés à la taille, coupez en drap noir le plus souple possible, une série de redingotes, depuis le 38 de grosseur de ceinture jusqu'au 56, faites-les confectionner, veillez à ce qu'elles soient bien doublées et bien montées. Quand un client vous commandera une redingote, avant de lui prendre mesure vous lui ferez essayer un de ces vêtements à sa taille. Pendant que vous lui prendrez mesure, vous marquerez sur lui la retouche que vous y trouverez. Vous vous servirez de ce modèle pour lui couper son habit ; ayant soin d'y supprimer ou ajouter ce que vous croyez nécessaire, ce moyen est infaillible.

Procédez de la même manière pour les gilets ; cela réussit toujours.

DES SUÇONS.

Je recommande tout particulièrement de ne jamais faire de suçons exagérés ni aux redingotes, ni aux paletots ajustés, à moins que le client ait la poitrine très-ressortie, surtout si on n'est pas sûr à l'avance que l'ouvrier travaillera le doublage en conséquence, je veux dire des suçons.

REMARQUES.

Première Remarque. — Pour tous les hommes qui ont le dos rond, il faut laisser 1 centimètre de rond dans la couture du dos. On peut en laisser jusqu'à 3, selon la difformité plus ou moins prononcée du client (voir au dessin du Veston).

Deuxième Remarque. — Je prie les personnes qui se serviront de mon livre de ne jamais rien changer aux modèles, et lorsqu'elles feront des pièces sans essayer, après les avoir doublées, elles voudront bien mettre le modèle dessus avant de les monter.

Troisième Remarque. — La redingote droite, avant de la donner à l'ouvrier, doit avoir 10 centimètres de plus de largeur de poitrine que la mesure prise sur le client, et 8 centimètres en plus de largeur de ceinture depuis le 38 jusqu'au 46.

Depuis le 48 jusqu'au 52, elle doit avoir 12 centimètres de plus de largeur de poitrine et 10 centimètres de plus de largeur de ceinture.

Depuis le 52 jusqu'au 60, elle doit avoir 14 centimètres de plus de largeur de poitrine et 11 centimètres de plus de largeur de ceinture.

A la redingote croisée, si on veut la boutonner aisément, il faut ajouter 3 centimètres à la poitrine et 5 centimètres à la ceinture en plus que la règle précédente. Si, dans les modèles que je donne, il manquait de la largeur pour suivre cette règle, il faudrait toujours l'ajouter sur le devant et jamais sur le derrière.

Les gilets doivent avoir 6 centimètres de plus de largeur de ceinture et 4 centimètres de plus de largeur de poitrine que la mesure. Depuis le 38 jusqu'au 52, pour les hommes plus gros, il faut laisser 6 centimètres en plus de largeur de poitrine et 7 centimètres de largeur de ceinture et ne jamais oublier de faire la part des suçons. Généralement, tous mes modèles sont soumis à cette règle, mais il sera bon de les vérifier.

Quatrième Remarque. — Il faut toujours monter le dos juste à l'encolure et au haut du côté. Cette règle est applicable à tous mes vêtements.

Cinquième Remarque. — Il viendra un temps où MM. les Tailleurs feront les vêtements étroits, mais les emmanchures resteront toujours à la même place, les encolures seront plus hautes ou plus basses, les tailles plus courtes ou plus longues. Voilà les changements qui pourront s'opérer... Quant aux points principaux, il faudra qu'ils soient toujours à la même place.

OBSERVATIONS SUR LES PANTALONS A GUÊTRE.

Le pantalon à guêtre est exactement coupé comme un autre : il suffit de creuser les devants et les derrières à partir d'environ 30 centimètres au dessus du bas en mourant presque jusqu'aux genoux, conservant, bien entendu, la largeur du pantalon à sa mesure. Alors on tendra les devants de chaque côté avant de les monter sur les derrières, et, quand les coutures seront faites, il faudra le rentrer au fer ; par ces moyens le pantalon formera la guêtre.

TABLE DES VÊTEMENTS.

FIN DE LA TABLE.

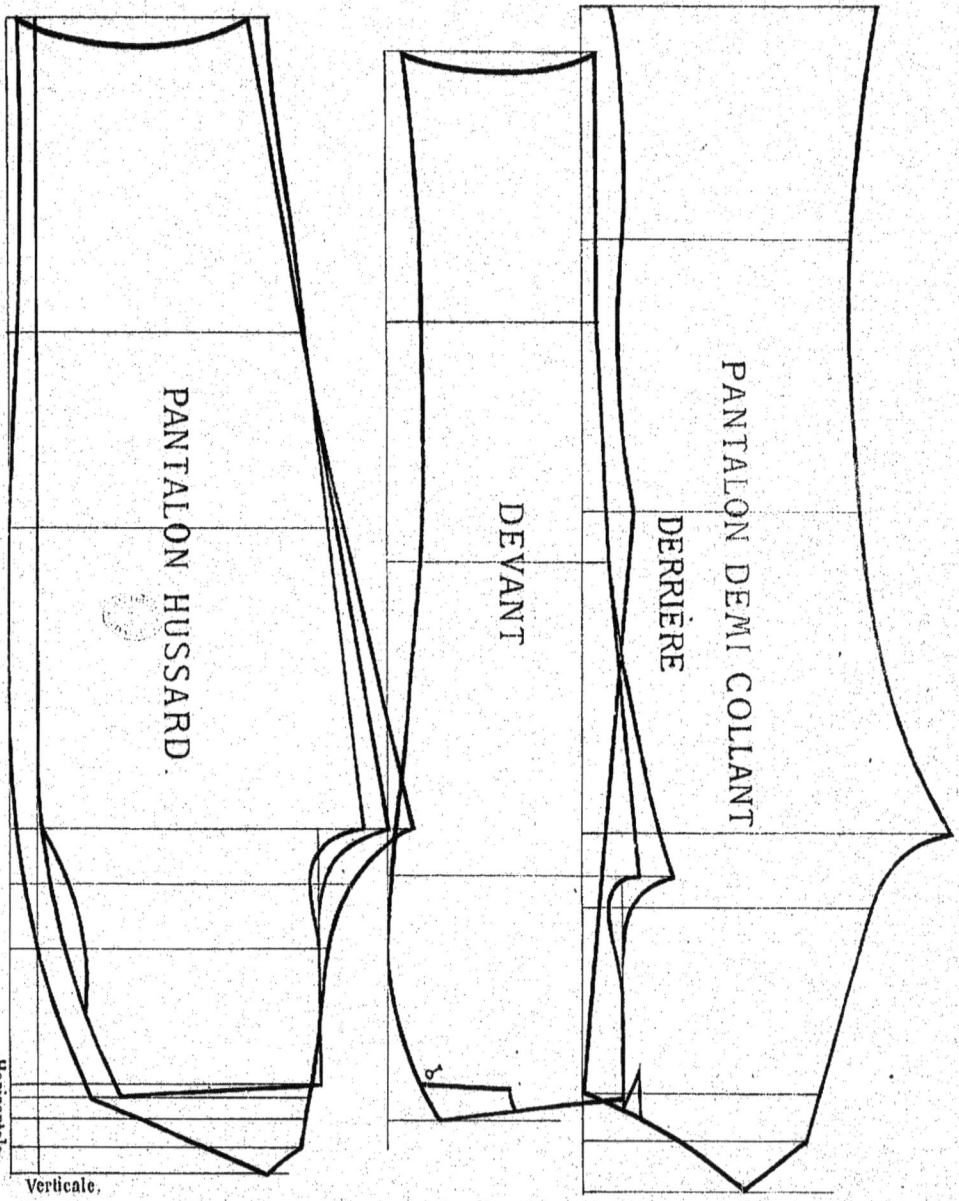

PANTALON HUSSARD

DEVANT

PANTALON DEMI COLLANT

DERRIÈRE

Horizontale.

Verticale.

PANTALONS.

RÈGLE GÉNÉRALE A TOUS LES PANTALONS. IL SUFFIT POUR LES METTRE A LA MESURE PRISE SUR LE CLIENT, DE LES ALLON-GER OU DE LES RACCOURCIR, TOUJOURS PAR LE BAS ; ET POUR LES ÉLARGIR OU RÉTRÉCIR DE CEINTURE, TOUJOURS PAR LE DERRIÈRE EN MOURANT JUSQU'A LA POINTE DU FOND.

PANTALON DEMI-COLLANT à la mesure suivante : 102, 80, 38, 46, 30, 21, 21.

	1re ligne.	2e	3e	4e	5e	6e	7e	8e	9e	10e	11e
	Devant										
Horizontale.	0	23	56	78	102						
Verticale . .	5.24	24.30	3.21	5.22	3.22						
	Derrière										
Horizontale.	0	5	10	28	36	67	92	113			
Verticale . .	17	10.22	23	1.31	3.39	6.30	5.29	3.31			

Nota. — A tous ces Pantalons il faut abattre le devant de 1 c. 1/2.

PANTALON DEMI-COLLANT à la mesure suivante : 104, 80, 40, 48, 32, 22, 21 1/2.

	Devant								
Horizontale.	0	24	57	85	104				
Verticale . .	5.21	24.31	4.26	7.24	6.25				
	Derrière								
Horizontale.	0	3	11	33	49	53	69	101	116
Verticale . .	16	13.22	25	3.36	4.43	6.37	8.34	8.33	6.34

PANTALON DEMI-COLLANT à la mesure suivante : 105, 80, 42, 50, 33, 22, 22.

	Devant								
Horizontale.	0	19	25	40	57	88	105		
Verticale . .	5.24	24	24.32	2.19	4.26	6.23	5.24		
	Derrière								
Horizontale.	0	4	11	30	38	49	69	99	116
Verticale . .	20	15.24	28	3.36	4.43	6.38	10.34	8.32	5.33

PANTALON DEMI-COLLANT à la mesure suivante : 107, 80, 44, 50, 33, 23, 23.

	Devant								
Horizontale.	0	21	27	41	59	92	107		
Verticale . .	5.26	25	25.32	1.28	3.26	5.23	4.24		
	Derrière								
Horizontale.	0	4	11	34	30	54	71	96	118
Verticale . .	19	13.24	27	4.37	5.44	8.38	11.36	11.35	8.39

PANTALON DEMI-COLLANT à la mesure suivante : 107, 80, 46, 54, 34, 24, 23.

	1re ligne.	2e	3e	4e	5e	6e	7e	8e	9e	10e	11e
Devant											
Horizontale.	0	20	27	44	61	87	108				
Verticale..	4.27	27	27.35	3.30	6.29	9.27	9.29				
Derrière											
Horizontale.	0	3	13	32	40	54	73	99	121		
Verticale..	20	16.25	30	4.39	5.47	8.43	12.40	14.40	13.42		

PANTALON DEMI-COLLANT à la mesure suivante : 107, 80, 49, 55, 36, 25, 23.

Devant										
Horizontale.	0	20	27	44	61	87	108			
Verticale..	2.28	28	28.36	3.31	6.30	9.27	9.29			
Derrière										
Horizontale.	0	3	13	32	40	54	73	99	121	
Verticale..	21	17.26	31	3.41	4.48	7.44	11.41	14.41	12.43	

PANTALON DEMI-COLLANT à la mesure suivante : 107, 80, 52, 56, 36, 25, 24.

Devant										
Horizontale.	0	20	28	42	59	90	107			
Verticale..	2.28	28	1.28.36	3.33	5.30	8.28	7.30			
Derrière										
Horizontale.	0	5	13	32	41	53	72	104	119	
Verticale..	21	14.28	32	4.41	6.50	9.45	13.41	13.40	11.42	

NOTA. — A tous ces Pantalons il faut baisser le devant de 1 c. $\frac{1}{3}$.

PANTALON DEMI-COLLANT pour un homme à gros ventre, à la mesure suivante : 110, 78, 56, 60, 40, 30, 25.

Devant										
Horizontale.	0	8	25	34	65	99	110			
Verticale..	2.29	29	28	28.36	28	1.21	21			
Derrière										
Horizontale.	0	5	14	29	44	51	66	82	109	128
Verticale..	37	19.32	35	2.40	3.43	4.50	6.44	8.38	11.38	4.42

NOTA. — Avec cette série de Pantalons on peut faire toutes les tailles et toutes les formes.

PANTALON COLLANT pour monter à cheval à la mesure suivante : 100, 77, 44, 36, 29, 18, 19.
Baisser le haut du devant de 0,02 c.

Devant								
Horizontale.	0	16	23	54	100			
Verticale..	4.22	23	23.29	4.23	6.22			
Derrière								
Horizontale.	0	3	8	33	63	87	109	
Verticale..	20	24	27	6.40	14.34	11.33	9.34	

PANTALON COLLANT pour monter à cheval à la mesure suivante : 103, 80, 47, 38, 30, 19, 20.
Baisser le haut du devant de 0,03 c.

	1re ligne.	2e	3e	4e	5e	6e	7e	8e	9e	10e	11e
	Devant										
Horizontale.	0	16	24	56	103						
Verticale . .	5.24	24	24.31	4 1/2. 24	6.23						
	Derrière										
Horizontale.	0	4	10	35	66	90	113				
Verticale . .	22	27	30	7.44	15.35	12.34	9.34				

PANTALON COLLANT pour monter à cheval à la mesure suivante : 104, 80, 42, 49, 32, 20, 20.
Baisser le haut du devant de 0,03 c.

	Devant										
Horizontale.	0	18	25	58	101						
Verticale . .	6.24	24	24.31	5.25	6.24						
	Derrière										
Horizontale.	0	4	11	38	70	93	117				
Verticale . .	24	28	31	7.45	15.36	12.35	11.35				

PANTALON COLLANT pour monter à cheval à la mesure suivante : 106, 80, 44, 51, 33, 21, 21.
Baisser le haut du devant de 0,02 c.

	Devant										
Horizontale.	0	16	26	60	107						
Verticale . .	5.25	25	25.33	5.26	7.24						
	Derrière										
Horizontale.	0	4	12	39	75	91	119				
Verticale . .	25	30	34	8.49	17.40	15.39	13.40				

NOTA. — A ces Pantalons il faut pratiquer un fort suçon au derrière, comme il est indiqué sur le dessin.

PANTALON DROIT pour les gens de la campagne et pour la troupe. Mesure de côté 106,
entrejambes 80, ceinture 40. Il faut abattre à tous le devant du haut de 0,02 c.

	Devant										
Horizontale.	0	17	27	59	106						
Verticale . .	6.25	25	25.32	25	19						
	Derrière										
Horizontale.	0	4	9	26	39	70	117				
Verticale . .	19	13.24	26	33	42	30	28				

PANTALON DROIT. Mesure de côté 106, entrejambes 80, ceinture 43.

	Devant										
Horizontale.	0	17	27	59	106						
Verticale . .	6.25	25	25.32	25	19						
	Derrière										
Horizontale.	0	4	9	26	39	70	117				
Verticale . .	23	14.27	28	34	42	30	28				

PANTALON DROIT. Mesure de côté 109, entrejambes 80, ceinture 46. Il faut abattre le devant du haut de 0,03 c.

	1re ligne.	2e	3e	4e	5e	6e	7e	8e	9e	10e	11e
	Devant										
Horizontale.	0	24	32	61	109						
Verticale . .	7.20	29	29.36	25	20						
	Derrière										
Horizontale.	0	5	12	28	45	76	122				
Verticale . .	22	15.27	29	34	43	1.32	29				

PANTALON DROIT. Mesure de côté 110, entrejambes 80, ceinture 52. Il faut abattre le haut du devant de 0,02 c.

	Devant										
Horizontale.	0	15	25	33	65	110					
Verticale . .	5.31	30	30	30.37	27	20					
	Derrière										
Horizontale.	0	6	14	32	48	79	126				
Verticale . .	25	18.31	33	38	47	33	31				

PANTALON DROIT pour un homme grand de taille à la mesure suivante : 110, 90, 43, 51, 36, 29, 22.

	Devant										
Horizontale.	0	3	22	29	66	88	117				
Verticale . .	6	4.27	27	27.34	27	23	19				
	Derrière										
Horizontale.	0	4	10	13	27	36	40	60	75	97	127
Verticale . .	20	14.23	26	27	33	36	41	36	33	30	36

PANTALON pour homme gros. Hauteur de côté 109, longueur d'entrejambes 80, ceinture 58. Baisser le haut du devant de 0,01 c.

	Devant										
Horizontale.	0	20	31	65	92	110					
Verticale . .	1.28	28	28.36	25	21	19					
	Derrière										
Horizontale.	0	6	14	36	48	74	98	127			
Verticale . .	31	21.36	38	3.45	5.52	7.37	7.32	5.33			

PANTALON pour homme gros. Hauteur de côté 106, longueur d'entrejambes 70, ceinture 54.

	Devant										
Horizontale.	0	20	29	69	106						
Verticale . .	1.28	28	28.35	24	20						
	Derrière										
Horizontale.	0	5	14	32	42	73	90	120			
Verticale . .	26	19.31	31	2.41	3.48	6.36	8.33	5.35			

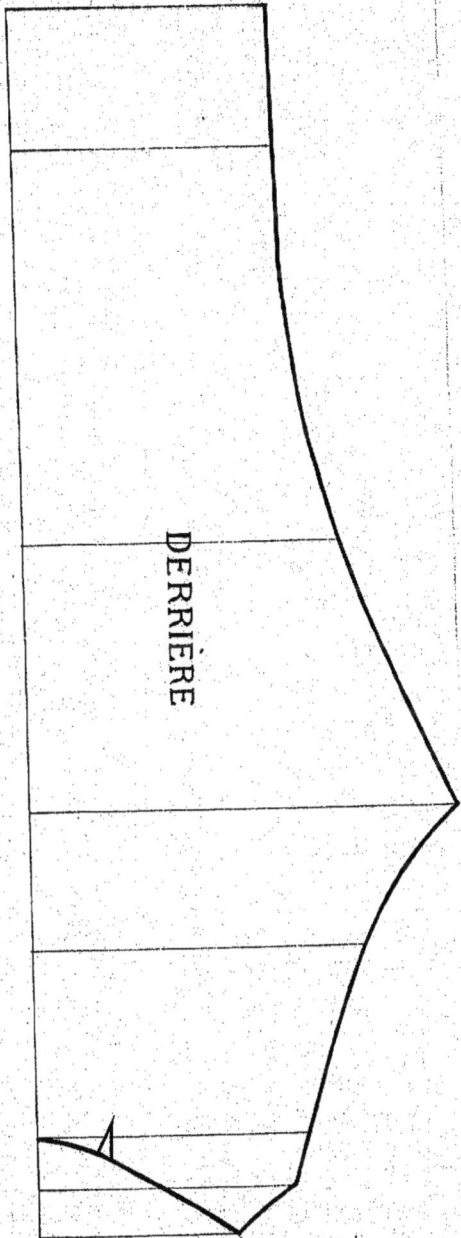

PANTALON DROIT

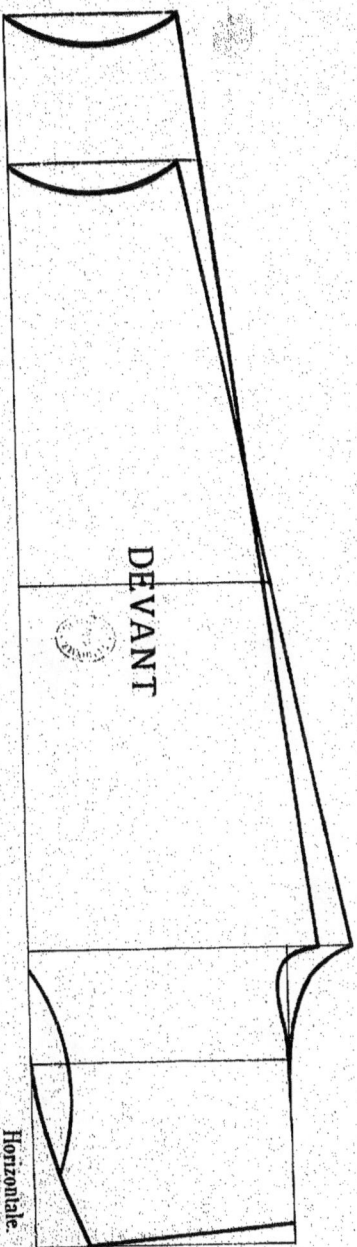

DEVANT

DERRIÈRE

Horizontale.

Verticale.

PANTALON pour homme gros. Hauteur de côté 109, longueur d'entrejambes 80, ceinture 60.

	1re ligne.	2e	3e	4e	5e	6e	7e	8e	9e	10e	11e
	Devant										
Horizontale.	0	23	33	67	110						
Verticale . .	1.30	32	32.39	27	21						
	Derrière										
Horizontale.	0	6	17	38	51	77	103	128			
Verticale . .	27	20.33	37	3.43	5.49	9.36	7.31	5.32			

PANTALON pour un homme gros dont le ventre ressemble à celui d'une femme enceinte. Hauteur de côté 110, longueur d'entrejambes 78, ceinture 70.

	Devant								
Horizontale.	0	11	28	35	74	111			
Verticale . .	30	30	29	29.36	24	21			
	Derrière								
Horizontale.	0	5	25	40	53	71	88	108	129
Verticale . .	32	27.38	45	4.50	8.58	13.47	16.42	15.40	13.40

RÈGLE GÉNÉRALE A TOUS LES PANTALONS. — Il suffit pour les mettre à la mesure, prise sur le client, de les allonger ou de les raccourcir toujours par le bas; et pour les élargir ou rétrécir de ceinture, toujours par le derrière en mourant jusqu'à la pointe du fond.

PANTALON HUSSARD à la mesure suivante : 104, 80, 38, 45, 38, 30, 21.

	Devant									
Horizontale.	0	2	15	24	58	76	104			
Verticale . .	10	9.29	4.30	2. 30. 37	30	27	21			
	Derrière									
Horizontale.	0	3	6	21	28	31	65	88	111	
Verticale . .	26	19.30	9.30	4.33	2.26	2.43	34	1.30	2.27	

PANTALON HUSSARD à la mesure suivante : 108, 80, 40, 49, 40, 35, 23.

	Devant								
Horizontale.	0	3	22	28	43	64	88	108	
Verticale . .	11	9.30	2.30	30.38	36	31	26	22	
	Derrière								
Horizontale.	0	8	16	33	40	72	91	107	122
Verticale . .	31	12.35	10.28	3.43	2.52	41	2.36	4.34	6.31

PANTALON HUSSARD à la mesure suivante : 108, 80, 46, 52, 40, 33, 23 1/2.

	Devant								
Horizontale.	0	5	17	31	64	109			
Verticale . .	7	5.29	1.28	34	28	18			
	Derrière								
Horizontale.	0	8	22	33	41	53	72	92	118
Verticale . .	30	9.35	5.34	3.35	2.44	1.41	36	33	29

PANTALON A PIED à la mesure suivante : côté 118, entrejambes 84, ceinture 52. Ce Pantalon doit être coupé 0,04 c. plus long que la mesure d'entrejambes pour que le client puisse s'asseoir. La mesure se prend jusqu'à terre et le client doit être nu-pieds.

	1re ligne.	2e	3e	4e	.5e	6e	7e	8e	9e	10e	11e
Devant											
Horizontale.	0	30	52	80	104	118					
Verticale . .	34	3. 35. 45	5. 37	7.29	9. 16. 25	10.16. 23					
Derrière											
Horizontale.	0	10	19	49	71	99	122	136			
Verticale . .	32	18.37	41	4.56	7.47	10.38	13.34	14.33			
Avant-pied coupé double du côté du pli.											
Horizontale.	0	1	3	6	9	11					
Verticale . .	23	23	5.22	7.20	8.15	8 1/2					
Semelle coupée double du côté du pli.											
Horizontale.	0	3	15	25	29						
Verticale . .	0	4	4	4	00						

PANTALON sans coutures à l'entrejambe ni au côté. La couture se trouve directement sur le devant, c'est une fantaisie. Il est de deux morceaux. Mesure : 107, 82, 40, 31, 28, 23.

Horizontale.	0	5	12	13	18	24	30	31	89	115	117
Verticale . .	40	37. 51. 53	11. 33. 51	11. 32. 72	13.30. 71	1. 14. 27.70	2. 15. 23. 69	3. 20. 69	8. 61	9.57	56

Nota. — On peut élargir et rétrécir les jambes à volonté.

PANTALON D'ENFANT. Mesure de côté 94, entrejambes 71, ceinture 33. Il faut abattre le devant de 2 c. 1/2.

Devant									
Horizontale.	0	16	23	54	72	94			
Verticale . .	6.22	1.22	22.29	33	..20	16			
Derrière									
Horizontale.	0	5	16	24	31	61	82	102	
Verticale . .	14	20	25	1.28	1.34	2.28	2.26	26	

PANTALON D'ENFANT. Mesure de côté 89, entrejambes 63, ceinture 35.

Devant										
Horizontale.	0	8	17	20	23	52	47	10		
Verticale . .	4.21	2.21	21	22	27	20	17	15		
Derrière										
Horizontale.	0	3	9	19	27	30	32	46	61	81	99
Verticale . .	18	13.20	22	19.25	27	28	34	1.30	1 1/2. 27	1 1/2. 26	28

PANTALON D'ENFANT. Mesure de côté 80, entrejambes 63, ceinture 33.

	1re ligne.	2e	3e	4e	5e	6e	7e	8e	9e	10e	11e
	Devant										
Horizontale.	0	7	15	19	46	65	80				
Verticale . .	4.19	1.19	19	24	19	17	1.17				
	Derrière										
Horizontale.	0	3	9	22	27	30	55	71	91		
Verticale . .	16	12.20	22	26	1.30	1.33	2 26	2.25	26		

PANTALON D'ENFANT. Mesure de côté 75, entrejambes 55, ceinture 33.

	Devant										
Horizontale.	0	5	16	19	21	32	44	60	75		
Verticale . .	4.20	2.19	19	22	25	21	19	16	15		
	Derrière										
Horizontale.	0	4	8	21	28	31	42	62	72	85	
Verticale . .	19	11.23	24	27	1.39	1.35	2.31	2.27	1.26	27	

PANTALON D'UNIFORME pour enfant. Mesure de côté 87, entrejambes 65, ceinture 32.

	Devant										
Horizontale.	0	1	12	20	23	49	88				
Verticale . .	6	22	2 1/2. 22	1.23	29	24	18				
	Derrière										
Horizontale.	0	4	6	22	29	32	54	75	96		
Verticale . .	24	16.27	9.27	3.29	1.30	1.36	28	24	22		

PANTALON D'UNIFORME pour enfant. Mesure de côté 93, entrejambes 68, ceinture 33.

	Devant										
Horizontale.	0	6	25	55	93						
Verticale . .	4.22	1.22	22.29	21	19						
	Derrière										
Horizontale.	0	3	7	18	25	30	34	64	84	102	
Verticale . .	22	17.26	7.26	3 1/2. 28	2 1/2. 29	2.30	1.30	29	1.27	26	

PANTALON D'UNIFORME pour enfant. Mesure de côté 94, entrejambes 67, ceinture 34.

	Devant										
Horizontale.	0	6	17	25	28	58	79	95			
Verticale . .	5.21	3.21	22	23	2.28	23	20	19			
	Derrière										
Horizontale.	0	3	6	13	24	30	36	65	86	101	
Verticale . .	20	14.24	5.21	4.26	1.28	29	36	28	24	22	

PANTALON D'UNIFORME pour enfant. Mesure de côté 104, entrejambes 76, ceinture 37.

	1re ligne.	2e	3e	4e	5e	6e	7e	8e	9e	10e	11e
	Devant										
Horizontale.	0	18	28	61	104						
Verticale . .	6.24	24	2.4.32	1.36	2.18						
	Derrière										
Horizontale.	0	7	26	37	69	94	113				
Verticale . .	20	23	28	36	28	27	27				

PANTALON DEMI-COLLANT pour jeunes gens. Mesures : 100, 76, 36, 42, 28, 18, 18. Il faut à ces trois pantalons baisser le haut du devant de 0,02 c.

	Devant										
Horizontale.	0	13	24	57	100						
Verticale . .	4.21	21	22.29	2.21	3.19						
	Derrière										
Horizontale.	0	4	8	22	33	66	87	109			
Verticale . .	20	10.23	25	2.30	4.36	9.27	7.26	6.27			

PANTALON DEMI-COLLANT pour jeunes gens. Mesures : 98, 74, 34, 44,.28, 17, 18.

	Devant										
Horizontale.	0	13	24	56	98						
Verticale . .	5.22	22	22.29	2.21	3.19						
	Derrière										
Horizontale.	0	4	9	24	34	66	87	108			
Verticale . .	20	12.24	26	2.30	4.36	9.27	7.27	5.27			

PANTALON DEMI-COLLANT pour jeunes gens. Mesures : 95, 72, 40, 3?, 26, 17, 17.

	Devant										
Horizontale.	0	14	23	54	95						
Verticale . .	4.20	20	20.27	1.20	2.17						
	Derrière										
Horizontale.	0	4	8	22	31	62	87	104			
Verticale . .	17	10.21	23	2.29	4.34	9.27	7.26	5.27			

NOTA. — Ces trois Pantalons conviennent aux jeunes gens de 15 à 17 ans.

GILET SANS COL.

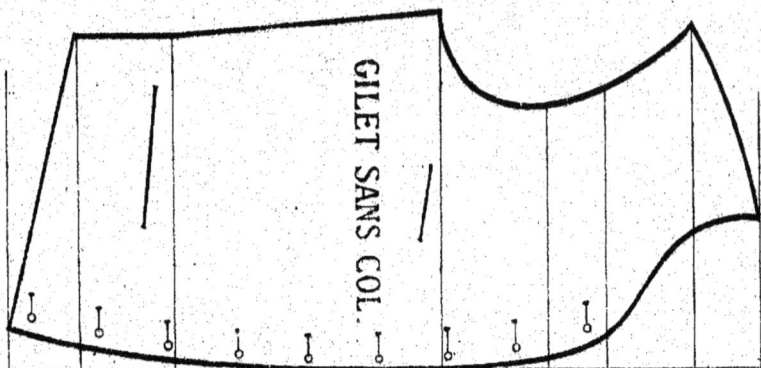

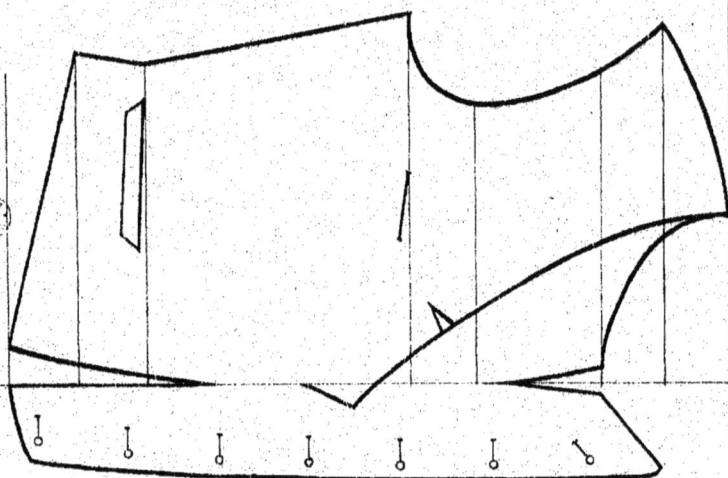

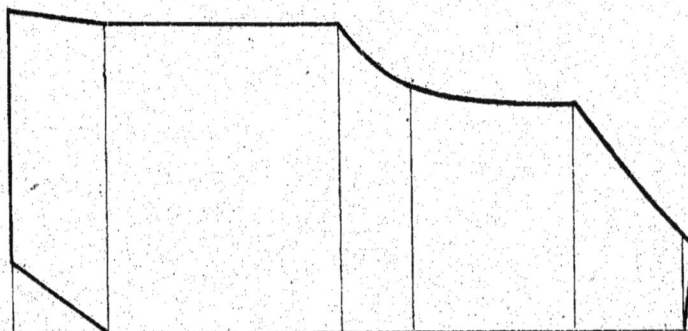

Cette figure représente trois formes, le gilet chevalière, le gilet
à châle ouvert, et le gilet croisé à l'anglaise, le dos est le même.

Verticale.

Horizontale.

GILETS.

GILET AVEC COL DROIT boutonnant jusqu'au haut. Le col doit avoir 1 c. 1/2 de hauteur tout fait. Grosseur de poitrine de 49 à 50, ceinture 46. Pour un homme plus gros, il faudrait ajouter 1 c. 1/2 sur le devant.

	1re ligne.	2e	3e	4e	5e	6e	7e	8e	9e	10e	11e
Dos											
Horizontale.	0	1 1/2	9	19	29	53	61				
Verticale . .	7 1/2	0	19	18 1/2	1.26	24	5.25				
Devant											
Horizontale.	0	3	6	10	17	24	46	56	63		
Verticale . .	10	10.26	7 1/2	21	19 1/2	30	1 1/2.28	2 1/2.30	6		

GILET SANS COL pour un jeune homme. Grosseur de poitrine 37, ceinture 35.

Dos											
Horizontale.	0	1	9	17	24	41	46				
Verticale . .	6	0	15	15	21	19	5.20				
Devant											
Horizontale.	0	3	8	13	20	39	44	49			
Verticale . .	9	8.22	5.18	1.17	23	20	20	1			

GILET SANS COL pour les jeunes gens qui ne sont pas encore formés. Grosseur de poitrine 39, ceinture 37.

Dos											
Horizontale.	0	1	9	18	26	45	51				
Verticale . .	6	0	15	16	22	20	4.21				
Devant											
Horizontale.	0	3	13	15	22	47	53				
Verticale . .	8	8.21	1.16	16	23	1.21	2				

NOTA. — Cet enfant a le dos fort, quoique jeune.

GILET SANS COL pour un jeune homme. Grosseur de poitrine 43, ceinture 39.

Dos											
Horizontale.	0	1	10	21	26	45	54				
Verticale . .	7	0	17	18	23	23	4.24				
Devant											
Horizontale.	0	4	9	13	18	24	42	51	56		
Verticale . .	11	10.25	6.21	1.20	19	25	22	1.22	2		

GILET SANS COL. Grosseur de poitrine 44, ceinture 39.

	1re ligne.	2e	3e	4e	5e	6e	7e	8e	9e	10e	11e
Dos											
Horizontale.	0	1	10	20	27	46	54				
Verticale ..	7	0	17	18	23	23	6.24				
Devant											
Horizontale.	0	2	9	14	17	22	41	49	56		
Verticale ..	8	8.22	5 1/2, 19	1 1/2, 17	17	25	2.24	3.25	4		

GILET SANS COL. Grosseur de poitrine 48, ceinture 44.

Dos											
Horizontale.	0	1	10	20	27	47	56				
Verticale .	7	0	18	18	26	25	5.26				
Devant											
Horizontale.	0	3	8	12	15	24	44	52	58		
Verticale ..	11	11.26	8	2.21	20	28	1.25	2.25	3		

GILET SANS COL boutonnant très-haut. Grosseur de poitrine 50, ceinture 46.

Dos											
Horizontale.	0	1	10	20	29	50	57				
Verticale ..	7	0	19	20	27	26	5.27				
Devant											
Horizontale.	0	5	13	17	25	47	54	60			
Verticale ..	11	10.26	3.21	1.20	28	1.26	2.25	3			

NOTA. — Avec ces six Gilets on peut faire toutes les tailles.

GILET SANS COL pour les hommes aussi gros du haut que du bas. Grosseur de poitrine 54, ceinture 55.

Dos											
Horizontale.	0	1	11	31	52	60					
Verticale ..	8	0	20	29	32	6.32					
Devant											
Horizontale.	0	2	10	19	26	50	56	64			
Verticale ..	9	9.26	7.23	1.22	30	28	1.28	2			

GILET SANS COL pour les hommes gros. Grosseur de poitrine 57, ceinture 57.

Dos											
Horizontale.	0	2	12	32	57	66					
Verticale ..	8	0	20	31	34	6.36					
Devant											
Horizontale.	0	2	12	20	26	58	67				
Verticale ..	10	26	7.22	22	32	3.34	5				

GILET A CHALE avec suçons pour homme. Grosseur de poitrine 43, ceinture 36.

	1re ligne.	2e	3e	4e	5e	6e	7e	8e	9e	10e	11e
	Dos										
Horizontale.	0	1	9	21	21	43	49				
Verticale . .	7	0	17	18	22	21	5.23				
	Devant										
Horizontale.	0	4	14	22	28	43	47	53			
Verticale . .	13	13.27	8.20	1.28	2.27	3.23	3.23	4			

NOTA. — On se servira de ces modèles pour les hommes qui ont la poitrine ressortie.

GILET A CHALE avec suçons. Grosseur de poitrine 45, ceinture 42.

	Dos										
Horizontale.	0	1	9	19	26	48	53				
Verticale . .	6	0	18	18	24	25	5.20				
	Devant										
Horizontale.	0	4	13	25	30	33	45	52	59		
Verticale . .	14	14.30	12.23	4.29	28	1 1/2. 27	2 1/2. 25	3.25	5		

GILET A CHALE avec suçons. Grosseur de poitrine 47, ceinture 42.

	Dos										
Horizontale.	0	1	9	19	25	47	55				
Verticale . .	7	0	19	20	26	27	5.28				
	Devant										
Horizontale.	0	4	13	23	27	29	46	53	58		
Verticale . .	12	12.28	9.21	3.28	27	2.27	4.25	5.26	6		

GILET A CHALE avec suçons. Grosseur de poitrine 49, ceinture 44.

	Dos										
Horizontale.	0	1	9	22	28	49	56				
Verticale . .	7	0	19	19	25	27	5.28				
	Devant										
Horizontale.	0	4	15	25	28	48	53	60			
Verticale . .	14	14.30	10.23	31	2.30	3.27	4.27	5			

GILET CHEVALIÈRE sans suçons pour homme. Grosseur de poitrine 42, ceinture 38.

	Dos										
Horizontale.	0	1	10	21	27	47	54				
Verticale . .	6	0	17	18	24	22	5.23				
	Devant										
Horizontale.	0	4 1/2	10	23	44	49	55				
Verticale . .	11	10 1/2. 26	1.21	26	1.23	2.24	3				

GILET CHEVALIÈRE sans suçons. Grosseur de poitrine 44, ceinture 40.

	1re ligne.	2e	3e	4e	5e	6e	7e	8e	9e	10e	11e
Dos											
Horizontale,	0	1	10	23	29	50	56				
Verticale, . .	6	0	18	18	23	22	5.24				
Devant											
Horizontale,	0	4 1/2	10	20	24	45	51	57			
Verticale . .	12	11.27	1.22	20	27	1.24	2.24	3			

GILET CHEVALIÈRE sans suçons. Grosseur de poitrine 48, ceinture 42.

Dos											
Horizontale,	0	1	10	24	29	48	55				
Verticale . ,	6 1/2	0	18	18	24	24	5.26				
Devant											
Horizontale,	0	5	10	20	26	47	52	58			
Verticale . .	13	12.28	1.24	21	28	1.24	2.25	3			

GILET CHEVALIÈRE sans suçons. Grosseur de poitrine 50, ceinture 46.

Dos											
Horizontale,	0	1	9	24	28	49	55				
Verticale . .	7	0	19	21	27	27	5.29				
Devant											
Horizontale,	0	5	11	20	25	47	52	60			
Verticale . .	13	12.28	23	21	29	1.20	2.26	3			

GILET CHEVALIÈRE pour un homme ayant le dos très-fort. Grosseur de poitrine 53, ceinture 53. Cette coupe convient aux Travailleurs.

Dos											
Horizontale,	0	1	9	30	51	58					
Verticale . .	7	0	19	28	30	5.31					
Devant											
Horizontale,	0	12	11	24	53	58					
Verticale . .	12	12.28	2.24	31	27	00					

NOTA. — Si on veut le faire croiser à l'anglaise, on ajoutera 0,04 c. du haut en bas sur le devant.

EXCEPTIONS SUR LES GILETS POUR HOMMES GROS.

GILET pour un homme qui se tient droit (il est bien fait). Grosseur de poitrine 54, ceinture 58.

Dos											
Horizontale,	0	1	10	20	30	48	58				
Verticale . .	7 1/2	0	20	21	31	36	5.35				
Devant											
Horizontale,	0	4	11	20	26	47	55	63			
Verticale . .	13	12.30	2.4.25	23	32	29	3	1			

GILET A CHALE DROIT pour homme gros. Grosseur de poitrine 56, ceinture 56.

	1re ligne.	2e	3e	4e	5e	6e	7e	8e	9e	10e	11e
Dos											
Horizontale.	0	1	9	20	27	48	56				
Verticale . .	8	0	22	22	30	33	7,35				
Devant											
Horizontale.	0	3	11	20	26	35	38	49	54	63	
Verticale . .	11	12.29	13.25	10.21	7.33	33	1 1/2, 32	2,30	3.31	5	

NOTA. — Pour les hommes plus gros on ajoutera de la largeur dans le dos et au bas seulement.

GILET CHEVALIÈRE sans sutions. Grosseur de poitrine 54, ceinture 54.

Dos											
Horizontale.	0	1	9	24	30	54	60				
Verticale . .	7	0	20	22	28	30	5.31				
Devant											
Horizontale.	0	4	11	21	27	52	58	65			
Verticale . .	15	14.31	1.26	21	33	1.29	2.29	3			

GILET CHEVALIÈRE pour un homme très-grand et très-gros (dos rond). Grosseur de poitrine 58, ceinture 58.

Dos											
Horizontale.	0	2	11	25	29	53	60				
Verticale . .	8	0	22	24	33	37	5.38				
Devant											
Horizontale.	0	5	10	22	28	50	59	67			
Verticale . .	17	15.31	5.7.29	1.25	32	28	1.29	2			

GILET CHEVALIÈRE pour homme très-gros (il est voûté). Grosseur de poitrine 61, ceinture 63.

Dos											
Horizontale.	0	11	22	34	54	64					
Verticale . .	2.10	1.22	23	32	36	6.38					
Devant											
Horizontale.	0	4	11	23	28	51	58	67			
Verticale . .	15	14.31	2.26	25	34	33	1.31	2			

NOTA. — On ne trouve pas beaucoup d'hommes comme celui-là.

EXCEPTIONS SUR LES GILETS POUR HOMMES MAIGRES.

GILET A CHALE pour un homme grand et très-maigre, le dos très-long (il a la poitrine creuse). Grosseur de poitrine 46, ceinture 46.

Dos											
Horizontale.	0	1	11	22	29	46	57				
Verticale . .	6	0	17	19	25	26	5.29				
Devant											
Horizontale.	0	2	9	23	26	41	52	60			
Verticale . .	11	11.28	11.24	29	2	4.28	5.30	7			

GILET pour les hommes aussi gros du haut que du bas (homme ordinaire). Grosseur de poitrine 47, ceinture 47.

	1re ligne.	2e	3e	4e	5e	6e	7e	8e	9e	10e	11e
Dos											
Horizontale.	0	1	9	21	28	49	55				
Verticale . .	7	0	19	19	24	28	6.30				
Devant											
Horizontale.	0	4	13	20	24	30	48	53	60		
Verticale . .	10	10.27	8.21	4.20	1.29	1.28	1.25	2.25	3		

GILET A CHALE DROIT pour un jeune homme très-maigre et grand. Grosseur de poitrine 44, ceinture 39.

Dos											
Horizontale.	0	1	10	20	28	47	50				
Verticale . .	6	0	17	17	22	23	5.24				
Devant											
Horizontale.	0	3	11	23	25	42	51	59			
Verticale . .	10	11.25	9.21	20	1	2.26	3.26	5			

GILET CHEVALIÈRE POUR DOMESTIQUE avec basques et manches. On pratique un suçon pour former la basque et le développement; il faut y mettre une patte à trois pointes pour couvrir la poche. Ces formes servent à faire les gilets de chasse. La basque tient au Gilet. On la désigne de 52 à 25. Grosseur de poitrine 45 à 46, ceinture 42.

Dos											
Horizontale.	0	1	9	20	28	48	55	61			
Verticale . .	6	0	18	18 1/2	25	25	26	4.22			
Devant											
Horizontale.	0	4	9	18	25	48	52	56	62	63	
Verticale . .	13	12.28	13.24	1 1/2.22	1.29	25	24.25	1.26	4.27	7	
Manche											
Horizontale.	0	2	12	31	50	63	66				
Verticale .	12	19	27	24	5.24	11.26	13				

GILET CHEVALIÈRE POUR DOMESTIQUE. La basque tient au Gilet. On la désigne de 54 à 27. Grosseur de poitrine 51, ceinture 51.

Dos											
Horizontale.	0	1	9	20	29	51	57	62			
Verticale . .	7	0	20	20	27	27	1.27	2.24			
Devant											
Horizontale.	0	4	8	11	20	25	43	52	54	62	65
Verticale .	12	11 1/2.28	8.25	1	22	30	27	25.27	27 1/2	2.28	6

GILET CHEVALIÈRE POUR DOMESTIQUE. La basque est séparée. Grosseur de poitrine 48 à 49, ceinture 46.

	1re ligne.	2e	3e	4e	5e	6e	7e	8e	9e	10e	11e
Dos											
Horizontale.	0	1	10	20	29	50	56	63			
Verticale . .	7	0	20	20	26	46	27	4.22			
Devant											
Horizontale.	0	5	10	18	25	42	53				
Verticale . .	14	13.30	3,5.25	2,23	1 1/2. 31	26	24				
Basque											
Horizontale.	0	1	10	13							
Verticale . .	0	8.25	2.27	9.28							

NOTA. — La manche sert pour les trois tailles.

GILET DE PALEFRENIER pouvant aller à tous les hommes, depuis le 46 de grosseur de poitrine jusqu'au 54. Il est croisé avec deux rangées de boutons. Il est ouvert sur les côtés et a le dos creusé à la chute des reins.

Dos								
Horizontale.	0	2	12	23	36	57	73	
Verticale . .	8	0	23	14	33	35	30	
Devant								
Horizontale.	0	7	11	20	27	55	70	74
Verticale . .	22	19.40	11	33	42	40	43	00
Manche								
Horizontale.	0	11	31	58	62			
Verticale . .	12	28	24	11.26	12			

NOTA. — Voir pour la coupe du collet la planche des revers, différentes formes.

GILET SANS COL POUR ENFANT de 6 à 7 ans. Grosseur de poitrine 33, ceinture 33.

Dos							
Horizontale.	0	1	6	14	19	38	
Verticale . .	6	0	15	11	18	4.17	
Devant							
Horizontale.	0	3	9	17	32	38	42
Verticale . .	8	7.19	1.15	20	1.21	2.21	3

GILET A CHALE DROIT POUR ENFANT. Grosseur de poitrine 34, ceinture 32.

Dos								
Horizontale.	0	1	8	14	19	29	37	42
Verticale . .	5	0	15	15	19	19	20	4.21
Devant								
Horizontale.	0	4 1/2	8	13	19	38	43	47
Verticale . .	10	9.22	8.18	5.15	21	17	17	1

GILET A CHALE DROIT POUR ENFANT. Grosseur de poitrine 35, ceinture 34.

	1re ligne.	2e	3e	4e	5e	6e	7e	8e	9e	10e	11e
Dos											
Horizontale,	0	1	7	15	.21	37	43				
Verticale . .	6	0	14	15	19	20	4.21				
Devant											
Horizontale,	0	1	9	17 1/2	23	35	40	46			
Verticale . .	7	7.19	7.16	3.22	1.22	2.21	3.22	4			

GILET A CHALE DROIT POUR ENFANT. Grosseur de poitrine 37, ceinture 36.

Dos									
Horizontale,	0	1	9	16	21	38	43		
Verticale . .	6	0	15	16	21	22	4.24		
Devant									
Horizontale,	0	4	8	15	20	37	43	48	
Verticale , .	10	11.23	10.20	17	3.23	19	18	00	

GILET A CHALE DROIT POUR ENFANT. Grosseur de poitrine 39, ceinture 39.

Dos									
Horizontale,	0	1	7	15	22	40	47		
Verticale . .	6	0	15	16	21	22	4.23		
Devant									
Horizontale,	0	2	8	15	20	25	40	45	50
Verticale . .	10 1/2	10.22	10.20	7.18	3.25	1.24	2.23	3.24	4

GILET CHEVALIÈRE POUR ENFANT, tout ce qu'il y a de plus petit. Grosseur de poitrine 32, ceinture 30.

Dos									
Horizontale,	0	1	7 1/2	14	17 1/2	30	34	39	
Verticale . .	6	0	13	14	18	17	17	3.18	
Devant									
Horizontale,	0	3	7	13	17	32	38	42	
Verticale . .	9	8 1/2. 19	1.16	15	20	18	1.19	2	

GILET CHEVALIÈRE POUR ENFANT. Grosseur de poitrine 34, ceinture 32.

Dos									
Horizontale,	0	1	8	14	19	30	37	40	
Verticale . .	6	0	14	14	19	19	20	4.21	
Devant									
Horizontale,	0	3	6	8	15	19	35	40	45
Verticale . .	10	9 1/2. 21	6	1.17	16	21	19	2.20	3

GILET CHEVALIÈRE POUR ENFANT. Grosseur de poitrine 36, ceinture 34.

	1re ligne.	2e	3e	4e	5e	6e	7e	8e	9e	10e	11e
Dos											
Horizontale.	0	1	8	16	20	37	42				
Verticale . .	6	0	15	16	20	22	4.23				
Devant											
Horizontale.	0	4	8	15	19	37	42	46			
Verticale . .	8	7.21	17	16	21	17	1.17	2			

GILET CHEVALIÈRE POUR ENFANT. Grosseur de poitrine 38, ceinture 36.

Dos											
Horizontale.	0	1	9	16	21	38	43				
Verticale . .	6	0	15	16	21	22	4.24				
Devant											
Horizontale.	0	4	8	15	20	37	43	48			
Verticale . .	10	9.23	1.20	17	23	19	18.	00			

GILET CHEVALIÈRE POUR ENFANT. Grosseur de poitrine 40, ceinture 38.

Dos											
Horizontale.	0	1	10	17	22	42	48				
Verticale . .	6	0	16	16	21	22	4.23				
Devant											
Horizontale.	0	4	8	16	21	42	47	52			
Verticale . .	10	9.24	1.20	17	21	1.21	1 1/2. 21	2			

3

REDINGOTES.

RÈGLE GÉNÉRALE. — ON PRENDRA LES MANCHES ET LES JUPES QUI CONVIENNENT AUX TAILLES (VOIR A LA TABLE).

REDINGOTE DROITE A TAILLE avec une rangée de boutons (coupe ordinaire). Grosseur de poitrine 44, ceinture 38.

	1re ligne.	2e	3e	4e	5e	6e	7e	8e	9e	10e	11e
Dos											
Horizontale.	0	1	14	16	24	36	48				
Verticale..	6	0	18	18	11	6	5				
Devant											
Horizontale.	0	3	7	13	18	24	30	42	48	49	53
Verticale..	20	18	2.7.9.38	1.7.29	1.26.37	31.42	31.43	28.30.42	29.41	33	40

REDINGOTE DROITE A TAILLE avec une rangée de boutons. Grosseur de poitrine 44, ceinture 44.

Dos											
Horizontale.	0	1 1/2	15	17	26	52					
Verticale..	7	0	19 1/2	19 1/2	11	6					
Devant											
Horizontale.	0.	3	7	9	19	23	26	47	51	51	
Verticale..	21	20.31	16.39	1.7.9	27.39	27	31.46	33.35.46	1.33	1.46	

REDINGOTE DROITE A TAILLE avec une rangée de boutons pour un jeune homme élancé. Grosseur de poitrine 45, ceinture 38.

Dos											
Horizontale.	0	1	15	17	25	50					
Verticale..	6	0	18	18	10	5					
Devant											
Horizontale.	0	6	9	18	24	38	40	52	54		
Verticale..	17	14.35	5.6	25.36	31.41	30.31.42	1.29	1.12	41		

REDINGOTE DROITE A TAILLE avec une rangée de boutons. Grosseur de poitrine 47, ceinture 40.

Dos											
Horizontale.	0	1	14	17	25	49					
Verticale..	6	0	19	19	11	5					
Devant											
Horizontale.	0	4	8	15	19	25	32	44	49	51	53
Verticale..	21	19 1/2.34	1.7.9.39	7.29	26.38	32.43	31.44	30.32.43	31	37.43	43

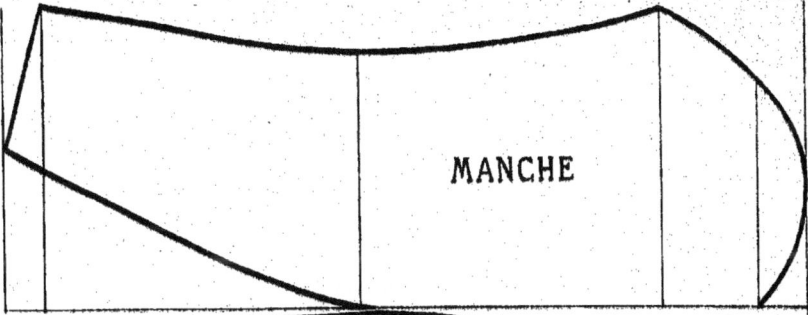

MANCHE

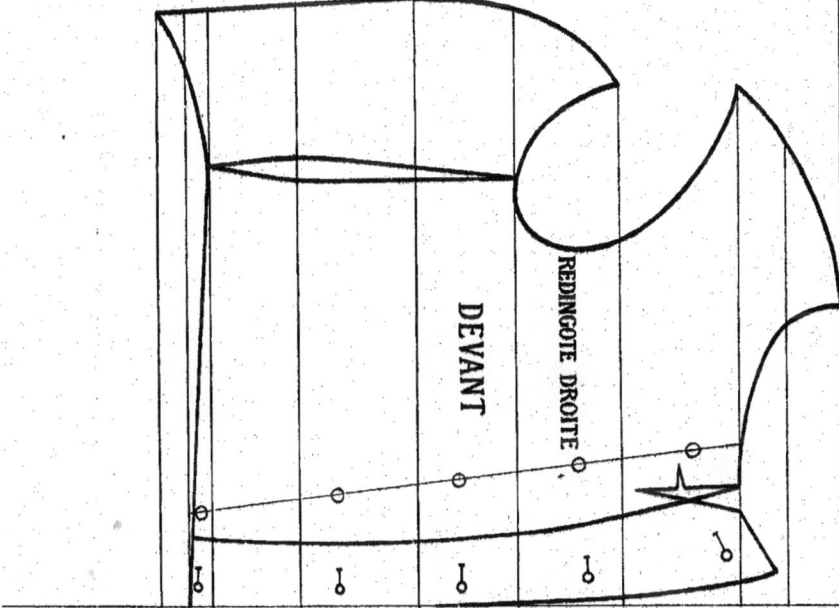

DEVANT

REDINGOTE DROITE

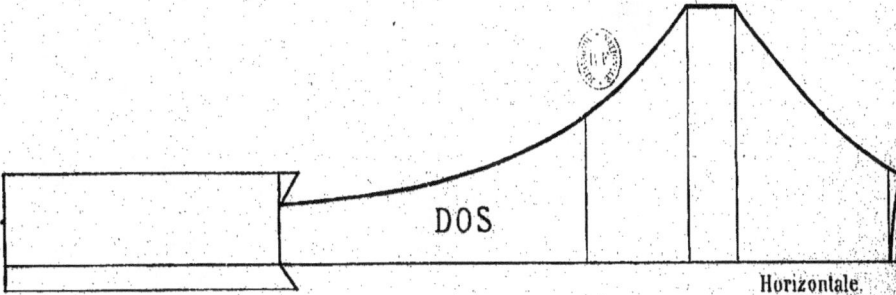

DOS

Verticale.

Horizontale.

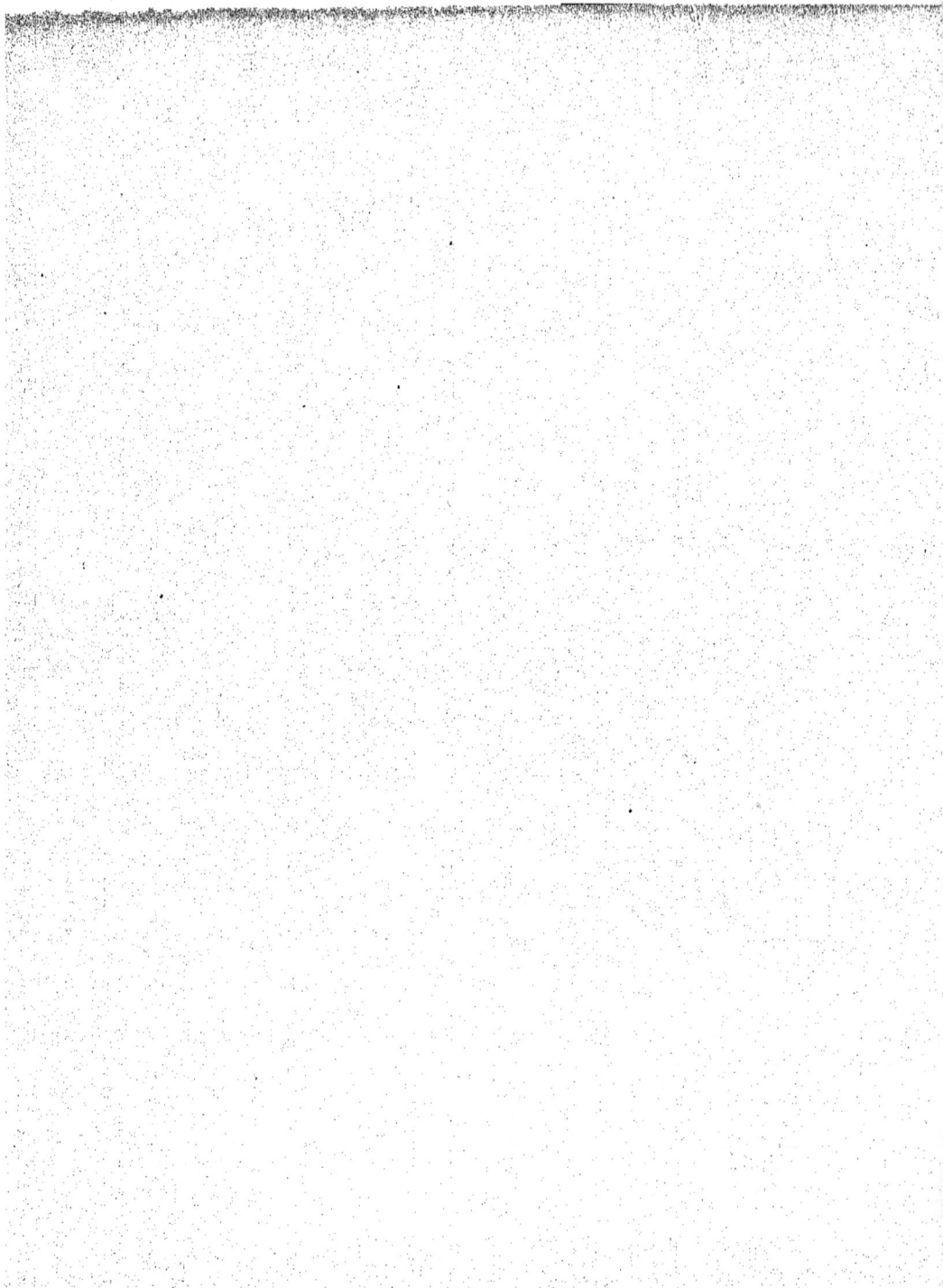

REDINGOTE DROITE A TAILLE avec une rangée de boutons. Grosseur de poitrine 47, ceinture 42.

	1re ligne.	2e	3e	4e	5e	6e	7e	8e	9e	10e	11e
	Dos										
Horizontale.	0	1	14	17	50						
Verticale . .	7	0	19	19	5						
	Devant										
Horizontale.	0	6	9	20	26	45	51	56			
Verticale . .	24	3.21	3. 9. 11. 41	1. 28. 39	1.33.45	30. 32. 44	31.43	43			

REDINGOTE DROITE A TAILLE avec une rangée de boutons. Grosseur de poitrine 50, ceinture 46.

	Dos										
Horizontale.	0	1	15	18	26	52					
Verticale . .	7	0	20 1/2	20 1/2	12	6					
	Devant										
Horizontale.	0	4	8	19	27	35	45	52	54	57	
Verticale . .	24	23	2. 8. 10. 42	1. 29. 42	35.48	35. 49	34. 36. 48	35	41	47	

REDINGOTE DROITE A TAILLE avec une rangée de boutons. Grosseur de poitrine 51, ceinture 48.

	Dos										
Horizontale.	0	1	15	17	25	52					
Verticale . .	7	0	21	21	13	6					
	Devant										
Horizontale.	0	3	6 1/2	10	18	23	26	44	52	55	
Verticale . .	22	22	19.41	1. 8. 10	29. 41	28. 39. 46	35.48	35. 37. 49	36	49	

REDINGOTE DROITE A TAILLE avec une rangée de boutons. Grosseur de poitrine 52, ceinture 52.

	Dos										
Horizontale.	0	1	15	18	27	54					
Verticale . .	7	0	21	21	12	6					
	Devant										
Horizontale.	0	3	7	10	18	28	45	52	56		
Verticale . .	23	23	19.42	1. 7. 9	31.43	37. 51	37. 39. 53	38	1.53		

NOTA. — Pour faire la Jaquette de chasse on prendra le corsage de la Redingote droite et on ajoutera la Jupe de chasse.

REDINGOTE DROITE A TAILLE avec une rangée de boutons. Grosseur de poitrine 55, ceinture 53.

	Dos										
Horizontale.	0	1 1/2	15	18	27	55					
Verticale . .	7	0	21	21	13	6					
	Devant										
Horizontale.	0	4	7	9	17	22	27	45	53	57	
Verticale . .	24	22	19.43	1. 8. 10	27. 44	31.43	38. 52	38. 40. 54	39	54	

REDINGOTE DROITE A TAILLE avec une rangée de boutons. Grosseur de poitrine 55, ceinture 55.

	1re ligne.	2e	3e	4e	5e	6e	7e	8e	9e	10e	11e
	Dos										
Horizontale.	0	1	14	17	30	54					
Verticale . .	7	0	21 1/2	21 1/2	10	6					
	Devant										
Horizontale.	0	4	7	10	18	26	28	47	54	57	
Verticale . .	24	23	20.43	2.8.10	1.32.45	32.41.52	36.53	40.42.55	42	55	

REDINGOTE DROITE A TAILLE avec une rangée de boutons. Grosseur de poitrine 60, ceinture 60.

	Dos									
Horizontale.	0	1	14	17	26	53				
Verticale . .	7	0	22	22	12	6				
	Devant									
Horizontale.	0	6	10	19	24	29	49	55	57	59
Verticale . .	25	21.45	1.9.11	34.49	33.46 1/2	41.58	42.44.61	44	35.62	00

REDINGOTE DROITE POUR ENFANT désigné sous le nom de basquettes. Grosseur de poitrine 34, ceinture 34.

	Dos									
Horizontale.	0	1	9	11	18	36				
Verticale . .	6	0	14 1/2	14 1/2	8	4				
	Devant									
Horizontale.	0	3	5	8	14	20	34	39	41	43
Verticale . .	15	14 1/2	12.28	1.4.6	20.30	25.34	24.25.34	25	1	34

NOTA. — Pour les Manches et les Jupes voir à la table.

REDINGOTE DROITE POUR ENFANT. Même forme que la précédente. Grosseur de poitrine 36, ceinture 31.

	Dos									
Horizontale.	0	1	10	12	21	40				
Verticale . .	5	0	15	15	9	5				
	Devant									
Horizontale.	0	3	6	8	14	21	37	42	43	45
Verticale . .	16	15	12.29	1.4.6	21.30	26.36	25.26.36	25	1	36

REDINGOTE DROITE POUR ENFANT. Grosseur de poitrine 38, ceinture 36.

	Dos									
Horizontale.	0	1	11	13	22	41				
Verticale . .	6	0	16	16	9	5				
	Devant									
Horizontale.	0	4	6	8	14	21	37	42	44	46
Verticale . .	17	15	12.30	2.5.6 1/2	1.22.32	26.36	25.27.37	25	1	35

SOUBISE POUR TUNIQUE

COLLET pouvant aisément se boutonner à la cravate sans difficulté._Coupe spéciale.

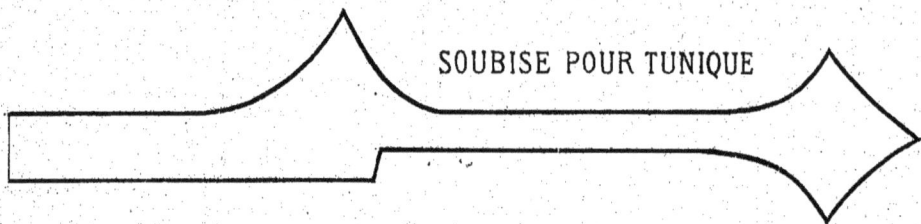

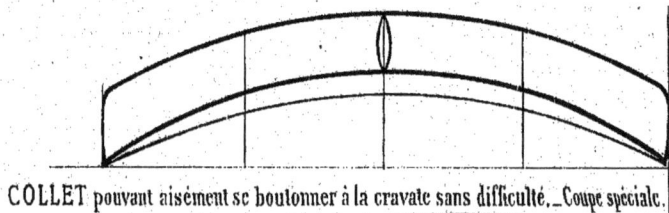

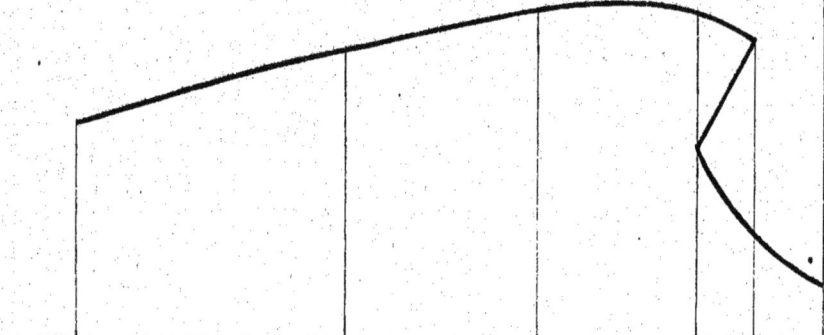

DIFFÉRENTES FORMES DE REVERS.

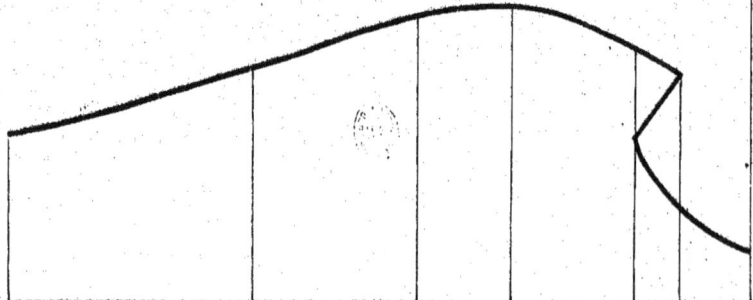

Verticale.

Horizontale.

REDINGOTE DROITE POUR ENFANT. Grosseur de poitrine 40, ceinture 38.

	1re ligne.	2e	3e	4e	5e	6e	7e	8e	9e	10e	11e
	Dos										
Horizontale.	0	1	11	13	23	42					
Verticale . .	6	0	17	17	9	5					
	Devant										
Horizontale.	0	4	6	9	15	22	40	45	46	48	
Verticale . .	18	16	13. 32	2. 6. 8	1. 22. 33	27. 37	25. 26. 36	25	1	35	

REVERS DE FANTAISIE.

MODÈLE DE REVERS DE FANTAISIE de 38 à 44 de grosseur de ceinture.

Horizontale.	0	6	11	21	34	59					
Verticale . .	3	6. 19	14. 21	23	20	14					

MODÈLE DE REVERS DE FANTAISIE de 44 à 52 de grosseur de ceinture.

Horizontale.	0	6	10	20	28	42	62				
Verticale . .	4	7. 18	14. 21	23	22	18	13				

MODÈLE DE REVERS pour les grandes tailles (hommes gros).

Horizontale.	0	6	11	24	40	62					
Verticale . .	4	8. 24	15. 27	27	23	17					

COLLET.

COLLET pouvant aisément boutonner à la cravate sans difficulté (coupe spéciale).

Horizontale.	0	12	23 1/2	35	47						
Verticale . .	6	4. 11	5. 12	4. 11	6						

MODÈLES A TAILLE.

RÈGLE GÉNÉRALE. — ON PRENDRA LES MANCHES ET LES JUPES QUI CONVIENNENT AUX TAILLES (VOIR A LA TABLE).

HOMMES VOUTÉS.

MODÈLE A TAILLE POUR UN HOMME VOUTÉ ou dos rond (homme maigre). Grosseur de poitrine 46, ceinture 46.

	1re ligne.	2e	3e	4e	5e	6e	7e	8e	9e	10e	11e
	Dos										
Horizontale.	0	15	17 1/2	20	54						
Verticale . .	1.8	19	19	11	5						
	Devant										
Horizontale.	0	5	9	14 1/2	21	24	43	50	53		
Verticale . .	21	19.40	1 1/2. 7. 9	1. 30. 40	29. 39. 48	36. 49	36. 37. 50	36	50		

MODÈLE A TAILLE POUR UN HOMME VOUTÉ ou dos rond. Grosseur de poitrine 48, ceinture 47.

	Dos										
Horizontale.	0	14	17	29	54						
Verticale . .	1. 8	20	20	11	6						
	Devant										
Horizontale.	0	4	10	15	20	24	43	50	54		
Verticale . .	19	18.37	6, 8. 32	29. 39	28. 38. 45	38. 48	31. 36. 49	35	1. 47		

MODÈLE A TAILLE POUR UN HOMME VOUTÉ ou dos rond (homme ordinaire, ces hommes-là ont ce qui s'appelle la poitrine dans le dos). Grosseur de poitrine 50, ceinture 46.

	Dos										
Horizontale.	0	1	13	16	25	55					
Verticale . .	7	0	20	20	13	6					
	Devant										
Horizontale.	0	4	7 1/2	9	15	22	26	46	53	55	
Verticale . .	20	19	15. 38	1, 7. 8	29. 39	27. 38. 45	35. 48	35. 37. 49	1. 35	1. 49	

MODÈLE A TAILLE POUR UN HOMME VOUTÉ ou dos rond (homme grand, avec la poitrine creuse et les épaules hautes sans exagération). Grosseur de poitrine 51, ceinture 51.

	Dos										
Horizontale.	0	1	14	17	24	35	57				
Verticale . .	7	0	21	21	14	9	6				
	Devant										
Horizontale.	0	7	11	16	22	26	47	54	58		
Verticale . .	20	16.39	1. 7. 10	31.42	30. 42. 49	37. 51	37. 39. 53	1. 37	2. 53		

MODÈLE A TAILLE POUR UN HOMME VOUTÉ ayant les épaules très-fortes, le dos ressorti (il porte la tête penchée en avant). Grosseur de poitrine 53, ceinture 48.

	1re ligne.	2e	3e	4e	5e	6e	7e	8e	9e	10e	11e
	Dos										
Horizontale.	0	15	18	27	54						
Verticale . .	7	21	21	11	5 1/2						
	Devant										
Horizontale.	0	4	7	9	18	24	26	34	48	52	56
Verticale . .	18	17	12.38	5	2. 25. 38	1.25.35.45	32.46	32. 47	1.31.35.47	1. 32.46	45

MODÈLE A TAILLE POUR UN HOMME VOUTÉ ayant le dos rond. Grosseur de poitrine 55, ceinture 58.

	Dos								
Horizontale.	0	1	17	20	34	54			
Verticale . .	7	0	22	22	11	7			
	Devant								
Horizontale.	0	4 1/2	11	16	27	47	54	57	59
Verticale . .	22	21.43	6. 8	33. 45	39. 56	40. 42. 58	42	28. 58	00

MODÈLE A TAILLE POUR UN HOMME VOUTÉ ayant le dos rond. Grosseur de poitrine 58, ceinture 58.

	Dos								
Horizontale.	0	1	16	19	27	58			
Verticale . .	1. 9	0	22	22	14	7			
	Devant								
Horizontale.	0	4	8	12	21	30	47	57	60
Verticale . .	27	27	22.48	4. 11. 14	2.13.36.50	1. 41. 58	43. 45. 51	45	60

HOMMES A ÉPAULES BASSES.

MODÈLE A TAILLE POUR UN JEUNE HOMME AYANT LES ÉPAULES BASSES (il est très-maigre). Grosseur de poitrine 43, ceinture 38.

	Dos								
Horizontale.	0	1	17	20	30	52			
Verticale . .	6	0	18	18	10	5			
	Devant								
Horizontale.	0	4	8	9	19	26	44	50	52	53
Verticale . .	21	19.33	3. 8. 10	2. 38	26. 36	31. 42	30. 32. 43	31	21	42

MODÈLE A TAILLE POUR UN HOMME DE MÊME CONSTITUTION, épaules très-basses (on ajoutera une anglaise). Grosseur de poitrine 46, ceinture 40.

	Dos										
Horizontale.	0	1	16	19	31	52					
Verticale . .	6	0	19	19	9	5					
	Devant										
Horizontale.	0	4	9	20	24	27	36	46	51	53	55
Verticale . .	16	15. 27	4. 34	2. 23. 34	1. 22	28. 30	27. 40	25. 27. 38	25. 37	7	36

MODÈLE A TAILLE POUR UN HOMME AYANT LES ÉPAULES BASSES, le dos un peu ressorti, la poitrine plate (taille moyenne). Grosseur de poitrine 48, ceinture 47.

	1re ligne.	2e	3e	4e	5e	6e	7e	8e	9e	10e	11e
Dos											
Horizontale.	0	1	15	18	27	54					
Verticale..	7	0	20	20	10	5					
Devant											
Horizontale.	0	4	7	9	18	27	43	52	55		
Verticale..	20	19	14.39	1.6.7.35	27.38	33.46 1/2	32.33.47	33	.1.47		

MODÈLE A TAILLE POUR UN HOMME AYANT LES ÉPAULES BASSES (il est étroit du haut et se tient droit). Grosseur de poitrine 51, ceinture 51.

Dos											
Horizontale.	0	1	16	19	27	54					
Verticale..	7	0	20	20	12	6					
Devant											
Horizontale.	0	4	8	9	19	27	36	45	53	56	
Verticale..	23	21	14.42	1.7.9	1.29.42	36.50	36.52	35.37.51	36	51	

MODÈLE A TAILLE POUR UN HOMME AYANT LE COU TRÈS-LONG, les épaules légèrement basses (il est très-grand). Grosseur de poitrine 52, ceinture 49.

Dos											
Horizontale.	0	1	17	19	30	54					
Verticale..	7	0	21	21	9 1/2	6					
Devant											
Horizontale.	0	5	11	18	23	27	37	47	52	54	58
Verticale..	13	12.33	26	22.26	23.33.43	31.45	32.46	32.34.46	1.33.46	1.19.46	00

MODÈLE A TAILLE POUR UN HOMME AYANT LES ÉPAULES BASSES, le dos plat. Grosseur de poitrine 52, ceinture 53.

Dos											
Horizontale.	0	1	15	18	33	54					
Verticale..	7	0	22	22	11	7					
Devant											
Horizontale.	0	5	9	11	21	28	47	58	59		
Verticale..	25	23	44	3.9.11	2.23.45	1.39.54	39.41.55	40	55		

ÉPAULES HAUTES.

MODÈLE A TAILLE POUR UN HOMME TRÈS-MAIGRE, ÉPAULES HAUTES, se tenant droit (taille moyenne). Grosseur de poitrine 44, ceinture 39.

Dos											
Horizontale.	0	1	16	19	28	53					
Verticale..	8	0	18	18	10	5					
Devant											
Horizontale.	0	3	6	9	18	26	33	46	51	53	56
Verticale..	17	16	13.26	4.31	2.24.36	29.41	28.41	26.28.31	26	14	37

MODÈLE A TAILLE POUR UN HOMME AYANT LES ÉPAULES EXCESSIVEMENT HAUTES, le dos ressorti, étant très-maigre (les coupes ordinaires ne peuvent pas toucher). Grosseur de poitrine 45, ceinture 40.

	1re ligne.	2e	3e	4e	5e	6e	7e	8e	9e	10e	11e
Dos											
Horizontale.	0	1	14	16	26	53					
Verticale . .	7	0	19	19	11	5					
Devant											
Horizontale.	0	5	11	18	25	43	52	54	56		
Verticale . .	19	18.38	6.8.30	26.37	31.43	43	24	36	41		

MODÈLE A TAILLE POUR UN HOMME AYANT LES ÉPAULES HAUTES, se tenant très-droit. Grosseur de poitrine 46, ceinture 40.

Dos									
Horizontale.	0	1	13	15	25	47			
Verticale . .	6	0	18	18	9	5			
Devant									
Horizontale.	0	4	8	14	21	27	47	49	51	57
Verticale . .	23	21.34	6.39	4.30	2.25.36	1.30.40	27.29.39	27.38	27	37

MODÈLE A TAILLE POUR UN HOMME TRÈS-GRAND ET TRÈS-MAIGRE, les épaules hautes, le dos ressorti (les coupes ordinaires ne touchent pas). Grosseur de poitrine 46, ceinture 44.

Dos									
Horizontale.	0	15	17 1/2	32	54				
Verticale . .	6 1/2	20	20	9	5 1/2				
Devant									
Horizontale.	0	6	10	18	27	39	49	55	58
Verticale . .	22	20.41	1.6.8.36	30.41	37.47	34.48	1.52.34.47	1.33	1.46

MODÈLE A TAILLE POUR LES HOMMES AYANT LES ÉPAULES HAUTES. Grosseur de poitrine 47, ceinture 44.

Dos									
Horizontale.	0	1	13	16	25	52			
Verticale . .	7	0	19	19	12	6			
Devant									
Horizontale.	0	3	6 1/2	15	20	27	38	47	55	58
Verticale . .	23	22.27	6.8.11.44	1.9.32	20.41	34.46	1.34.48	2.35.35.38	3.34	3.48

MODÈLE A TAILLE POUR UN HOMME AYANT LES ÉPAULES HAUTES. Grosseur de poitrine 50, ceinture 44.

Dos									
Horizontale.	0	1	14	17	26	52			
Verticale . .	7	0	20	20	11	5			
Devant									
Horizontale.	0	4	9	16	23	29	48	55	58	61
Verticale . .	24	23	8.41	5.31	3.27.39	2.31.44	28.30.34	29.42	32	41

NOTA. — Pour les Manches et les Jupes voir pages 30 et 33.

ÉPAULES FORTES.

MODÈLE A TAILLE POUR LES HOMMES AYANT LES ÉPAULES FORTES, le dos ressorti. Ils sont généralement cambrés des reins. Grosseur de poitrine 48 ou 49, ceinture 44 ou 45.

	1re ligne.	2e	3e	4e	5e	6e	7e	8e	9e	10e	11e
Dos											
Horizontale.	0	1	14	17	52						
Verticale ..	7	0	20	20	6						
Devant											
Horizontale.	0	5	10	17	25	44	51	53	55		
Verticale ..	19	18.38	7.8	28.42	36.48	34.36.48	35	0	47		
Manche											
Horizontale.	0	3 ½	11	33	64	66					
Verticale ..	9	17	21	23	11.26	13					

NOTA. — Ces Modèles conviennent aux Travailleurs.

MODÈLE A TAILLE POUR UN HOMME AYANT LE DOS UN PEU ROND, le cou long, les épaules fortes, la poitrine creuse. Grosseur de poitrine 49, ceinture 49.

Dos									
Horizontale.	0	1	15	18	28	55			
Verticale ..	7	0	21	22	10	5			
Devant									
Horizontale.	0	5	9	16	25	43	51	55	57
Verticale ..	19	17	4.39	2.28.39	1.34.47	34.36.38	35	1.12.48	00
Manche									
Horizontale.	0	3	12	34	65	69			
Verticale ..	10	19	25	23	11.26	13			

MODÈLE A TAILLE POUR UN HOMME AYANT LES ÉPAULES FORTES, tenue droite (homme petit). Grosseur de poitrine 49, ceinture 49.

Dos								
Horizontale.	0	1	13	17	27	49		
Verticale ..	7	0	20 ½	20 ½	11	6		
Devant								
Horizontale.	0	4	7	19	27	45	51	54
Verticale ..	22	20	5.41	2.29.43	1.36.50	35.36.51	35.51	51
Manche								
Horizontale.	0	3	12	34	65	69		
Verticale ..	10	19	25	23	11.26	13		

NOTA. — Pour les Jupes voir page 33.

MODÈLE A TAILLE POUR LES HOMMES PETITS ET GROS, ayant les épaules fortes (tenue droite).
Grosseur de poitrine 52, ceinture 52.

	1re ligne.	2e	3e	4e	5e	6e	7e	8e	9e	10e	11e
Dos											
Horizontale.	0	1	14	17	28	50					
Verticale . .	6	0	20 1/2	20 1/2	10	5					
Devant											
Horizontale.	0	5	10	18	25	43	49	51	54		
Verticale . .	18	16.36	4.30	1 1/2.25.28	1.31.45	31.36.50	36	23.51	00		
Manche											
Horizontale.	0	4	12	34	65	69					
Verticale . .	10	19	25	23	11.26	13					

MODÈLE A TAILLE POUR LES HOMMES AYANT LES ÉPAULES EXTRÊMEMENT FORTES et le dos un
peu rond. Grosseur de poitrine 53, ceinture 48.

Dos											
Horizontale.	0	15	18	27	54						
Verticale . .	7	21	21	11	5 1/2						
Devant											
Horizontale.	0	4	7	9	18	24	26	31	48	52	56
Verticale . .	18	17	12.38	5	2.25.38	4.25.35.45	32.46	32.47	1.31.35.47	1.32.46	45
Manche											
Horizontale.	0	3	12	34	65	69					
Verticale . .	10	19	25	23	11.26	13					

NOTA. — Pour les Jupes voir page 33.

EXCEPTIONS POUR LES MODÈLES A TAILLE.

MODÈLE A TAILLE POUR LES JEUNES GENS QUI NE SONT PAS ENCORE FORMÉS. Ils ont la taille
d'un homme et la grosseur d'un enfant. Grosseur de poitrine 41, ceinture 37 à 38.

Dos											
Horizontale.	0	1	13	16	22	31	50				
Verticale . .	6	0	17 1/2	17 1/2	11	7 1/2	5				
Devant											
Horizontale.	0	4	7	17 1/2	25	33	43	50	53		
Verticale . .	20	18 1/2.22	6.8.36	26.35	30.41	42	30.32.42	31	1.42		

NOTA. — On prendra la Manche et la Jupe du 38 de ceinture (voir pages 30 et 33).

MODÈLE A TAILLE POUR UN JEUNE HOMME TRÈS-MAIGRE et très-droit, épaules ordinaires (taille
moyenne). Grosseur de poitrine 42, ceinture 38.

Dos											
Horizontale.	0	1	14	16	26	48					
Verticale . .	6	0	18	18	10	5					
Devant											
Horizontale.	0	4	9	15	19	24	33	44	49	51	54
Verticale . .	18	17	6.35	3.24	2.22.32	1.26.36	25.37	23.25.36	24.35	00	35

MODÈLE A TAILLE POUR LES HOMMES GRANDS et très-maigres, les épaules un peu basses (la longueur du dos est extraordinaire). Grosseur de poitrine 46, ceinture 46.

	1re ligne.	2e	3e	4e	5e	6e	7e	8e	9e	10e	11e
Dos											
Horizontale.	0	15	18	29	53						
Verticale ..	7	20	20	11	6						
Devant											
Horizontale.	0	4	7	9	17	25	46	54	56		
Verticale ..	19	18	13.37	1.7.8	1.25.36	30.42	30.32.44	23	41		

MODÈLE A TAILLE POUR UN HOMME AYANT LES ÉPAULES BASSES, le dos ordinaire, le ventre ressorti, la poitrine creuse. Il porte la tête en avant. Il a le dos long. Il est grand de taille. Grosseur de poitrine 57, ceinture 58.

Dos											
Horizontale.	0	1	14	17	26	56					
Verticale ..	7	0	22	22	13	7					
Devant											
Horizontale.	0	4	8	12	15	22	27	44	52	54	62
Verticale ..	22	22	18.42	3.9.10	3.34.45	31.45.56	2.41.50	45.47.63	48	64	00

MODÈLE A TAILLE POUR UN HOMME TRÈS-GROS et bien fait. Il est très-grand. Grosseur de poitrine 62, ceinture 70.

Dos											
Horizontale.	0	1	15	18	26	58					
Verticale ..	7	0	23	23	14	7					
Devant											
Horizontale.	0	5	10	13	19	24	30	50	58	61	
Verticale ..	28	27.40	22	5.13.15.11	4.38.53	3.38.53	2.46.65	46.48.69	48	70	

NOTA. — Pour les quatre derniers Modèles à taille, prendre les Manches et les Jupes qui conviennent aux tailles (voir pages 30 et 33).

MODÈLES A TAILLE POUR CORSAGES.

MODÈLE D'UN CORSAGE POUR HOMME entièrement d'un seul morceau. Sans couture aux épaulettes, ni au côté, ni au dos ; celles qui existent se trouvent directement sous les bras. Grosseur de poitrine 48; ceinture 43.

Horizontale.	0	12	18	24	32	37	40	48	57	66	91
Verticale ..	46	17.51	7.54	5.57	11.47	10.30.40	5.25.35	21	21	25	22

MODÈLE D'UN AUTRE CORSAGE plus grand que le précédent (même forme). On mettra une Jupe selon la forme que l'on voudra faire. Grosseur de poitrine 51, ceinture 47.

Horizontale.	0	11	22	28	37	43	46	57	72	91	100
Verticale ..	42	20.49	5.54	7.56	10.45	91/2.30.39	5.25.35	21	25	23	23

NOTA. — Au moyen du fer on tendra le bas, on fera rentrer le milieu du dos, et on formera les crochets. Le suçon de l'encolure se fait au n° 28 de la ligne horizontale.

MODÈLES A TAILLE POUR PARDESSUS.

MODÈLE A TAILLE POUR PARDESSUS ou pour mettre seul. Pour Pardessus, grosseur de poitrine 47, ceinture 44. Pour mettre seul le client peut avoir 50 de grosseur de poitrine et 47 de grosseur de ceinture.

	1re ligne.	2e	3e	4e	5e	6e	7e	8e	9e	10e	11e
	Dos										
Horizontale.	0	1	14	17	29	53					
Verticale . .	6	0	20 1/2	20 1/2	11	6					
	Devant										
Horizontale.	0	3	7	8	19	26	36	46	53	56	
Verticale . .	25	24	1. 20. 44	7. 10	9. 33. 44	38. 50	38. 52	14.37.50.52	38	13.16.52	

NOTA. — Ce Pardessus et les deux suivants sont croisés sans anglaises avec suçons dans le haut et dans le bas. Il est facile de couper l'anglaise si on le désire.

MODÈLE A TAILLE POUR PARDESSUS ou pour mettre seul. Pour Pardessus, grosseur de poitrine 50, ceinture 44. Pour mettre seul, grosseur de poitrine 53, ceinture 47.

	Dos										
Horizontale.	0	1	15	18	26	40	54				
Verticale . .	7	0	21	21	13	7 1/2	6				
	Devant										
Horizontale.	0	4	6	8	10	26	35	46	54	57	
Verticale . .	26	2. 25	22. 47	7. 11	8. 33. 46	38. 51	38. 54	15.38.40.53	1.18.17.88	1. 52	

MODÈLE A TAILLE POUR PARDESSUS. Grosseur de poitrine 52, ceinture 50. Si l'étoffe était mince le client pourrait avoir 54 de grosseur de poitrine et 52 de grosseur de ceinture.

	Dos										
Horizontale.	0	1	15 1/2	18 1/2	28	56					
Verticale . .	7	0	21	21	12	7					
	Devant										
Horizontale.	0	3	7	9	19	28	46	54	56	58	
Verticale . .	28	4. 27. 43	3. 21. 48	12. 14	9.11.53.49	42. 47	12.44.58	43	0	58	

MODÈLE A TAILLE POUR PARDESSUS pour un homme voûté (il faut le ouater). Grosseur de poitrine 53, ceinture 53.

	Dos										
Horizontale.	0	1	10	19	28	38	54				
Verticale . .	7	0	21	21	12	8	7				
	Devant										
Horizontale.	0	4	8	10	19	26	46	52	54		
Verticale . .	25	24.40	4. 20. 44	3. 12. 13	2. 31. 47	39. 54	4.38.40.85	39	54		

NOTA. — Pour les Manches et les Jupes qui conviennent aux grosseurs (voir aux pages suivantes).

MANCHES, JUPES & BASQUES.

MANCHES.

MANCHES POUR REDINGOTES, DORSAYS, COCHEMANNS, SOLFÉRINOS, JAQUETTES, ETC.

MANCHE de 38 et 40 de grosseur de ceinture.

	1re ligne.	2e	3e	4e	5e	6e	7e	8e	9e	10e	11e
Horizontale,	0	4	12	37	64	67					
Verticale ..	10	18	23	21 1/2	11.25	13					

RÈGLE POUR LES MANCHES. — On prendra pour chaque Vêtement celle qui a rapport à la grosseur de ceinture.

MANCHE de 42 et 44 de grosseur de ceinture.

Horizontale,	0	4	12	37	64	67
Verticale ..	10	18	24	23	12.26	13

MANCHE de 44, 46 et 48 de grosseur de ceinture.

Horizontale,	0	4	12	34	65	69
Verticale ..	10	19	25	23	11.26	13

MANCHE de 52, 53 et 54 de grosseur de ceinture.

Horizontale,	0	4	12	34	65	69
Verticale ..	10	19	25	24	11.26	13

MANCHE de 55 et 60 de grosseur de ceinture.

Horizontale,	0	5	13	36	63	67
Verticale ..	10	20	25	24	9.25	10

NOTA. — Ces modèles de Manches sont ordinaires on peut les élargir ou les rétrécir.

MANCHE LARGE de 58 et 60 de grosseur de ceinture.

Horizontale,	0	5	15	38	65	67
Verticale ..	13	23	28	26	9.29	10

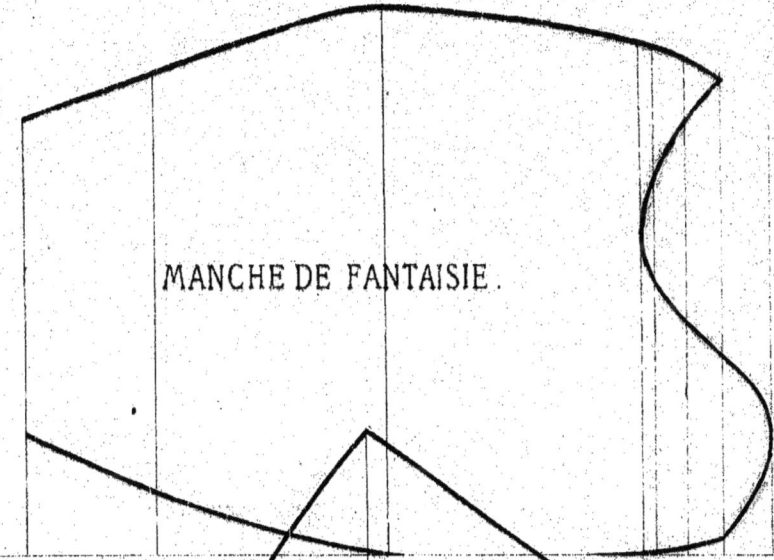

MANCHE DE FANTAISIE.

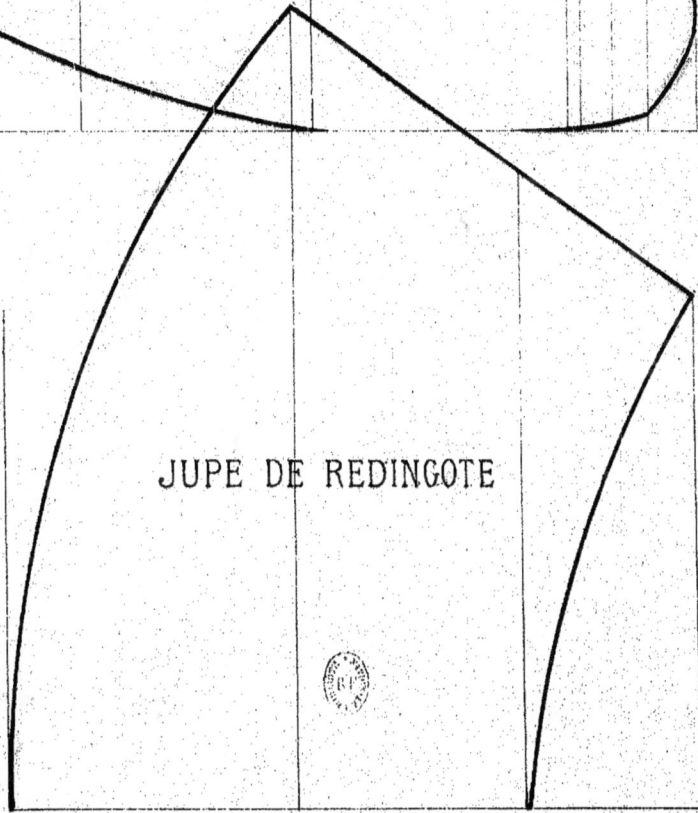

JUPE DE REDINGOTE

Verticale.

Horizontale.

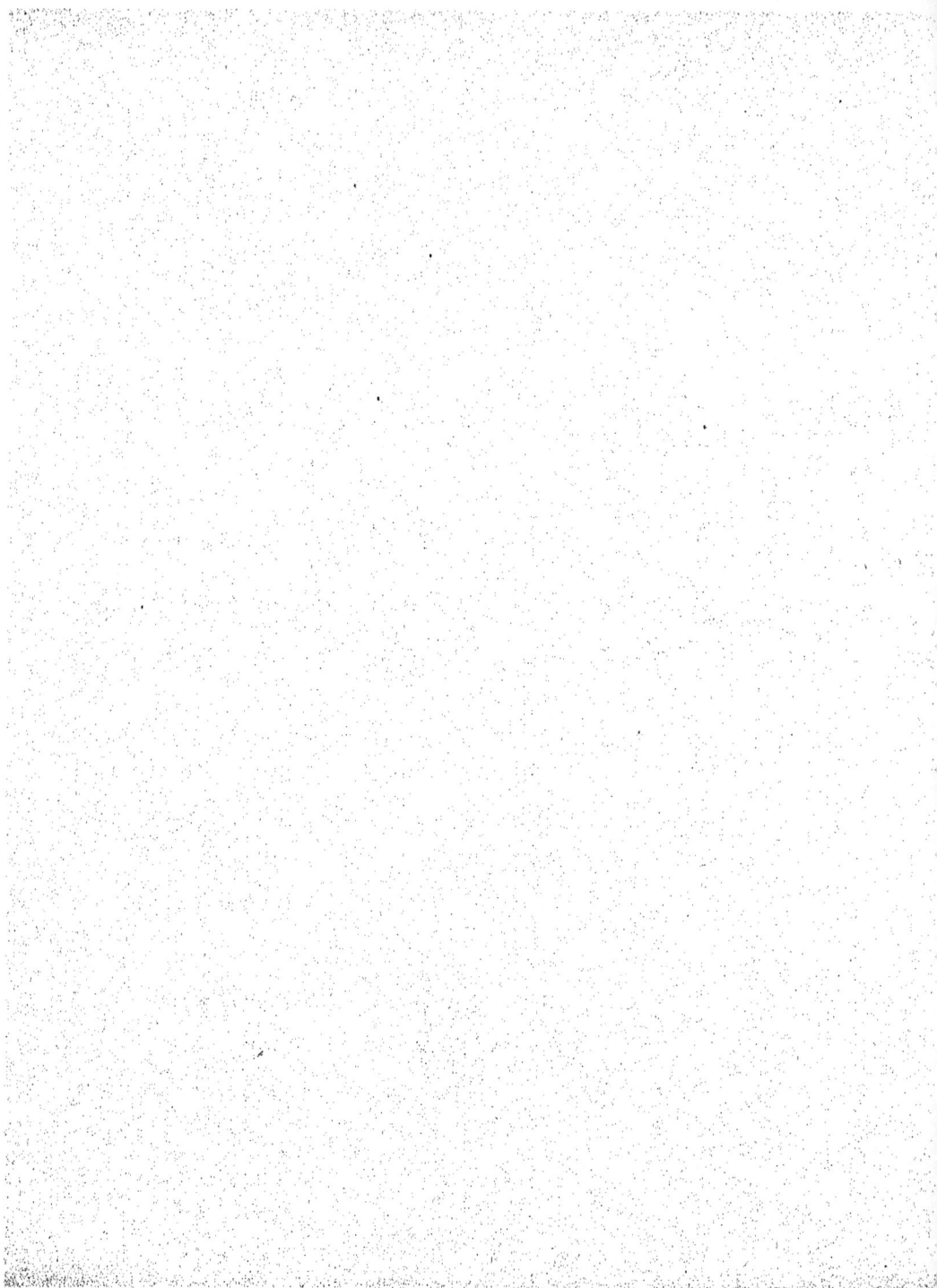

MANCHE DE FANTAISIE à une couture de 38, 40 et 44 de grosseur de ceinture.

	1re ligne.	2e	3e	4e	5e	6e	7e	8e	9e	10e	11e
Horizontale,	0	4	8	11	12	36	56	67			
Verticale . .	12	2. 19. 43	1.22,38.45	1.29.56,46	1. 30. 46	49	6. 13	11, 39			

MANCHE DE FANTAISIE à une couture de 46, 48 et 50 de grosseur de ceinture.

Horizontale,	0	3 ½	13	15	35	49	58	68			
Verticale . .	12	4. 21. 50	2.27.36.51	32	54	3.50	6. 47	11, 41			

MANCHE DE FANTAISIE à deux coutures de 44, 46 et 48 de grosseur de ceinture.

Horizontale,	0	4	13	30	51	61	67				
Verticale . .	11	19	25	24	6, 26	11.38	15				

MANCHE DE FANTAISIE à couture tournante de 49, 52 et 54 de grosseur de ceinture.

Horizontale,	0	11	24	34	50	57	69	80	89	95	101
Verticale . .	49	35. 50	19.53	15. 56	8, 48	5, 45	39	6. 34	20. 30	22. 26	23

MANCHES ORDINAIRES ET DE FANTAISIE POUR LES ENFANTS POUVANT SERVIR POUR LES JAQUETTES, SOLFERINOS ET DORSAYS.

MANCHE ORDINAIRE. Tout ce qu'il y a de plus petit, 30 de grosseur de poitrine.

Horizontale,	0	3	9	21	35	37	
Verticale . .	8	13	18	17	6.18	7	

MANCHE ORDINAIRE un peu plus grande, 30 et 32 de grosseur de ceinture.

Horizontale,	0	3	10	29	48	51	
Verticale . .	8	14	18	16	7.20	9	

MANCHE ORDINAIRE de 36 et 38 de grosseur de ceinture.

Horizontale,	0	3	10	29	51	57	
Verticale . .	8	16	20	18	9, 23	10	

MANCHE ORDINAIRE (enfant fort), 38 et 40 de grosseur de ceinture.

Horizontale,	0	3	11	29	57	60	
Verticale . .	8	15	20	19	10. 23	12	

MANCHE ORDINAIRE de 40 et 42 de grosseur de ceinture.

	1re ligue.	2e	3e	4e	5e	6e	7e	8e	9e	10e	11e
Horizontale.	0	3	11	20	57	60					
Verticale . .	8	15	20	19	10. 23	12					

MANCHE DE FANTAISIE à une couture. 32, 34, 36 et 38.

Horizontale.	0	3	8	11	25	30	49	51	
Verticale . .	11	2. 16. 37	1. 20. 37	1. 22	10	2. 38	8. 21. 33	10. 31	

MANCHE DE FANTAISIE à une couture. 40 et 42 de grosseur de ceinture.

Horizontale.	0	2	8	12	33	57	59		
Verticale . .	11	3. 17. 41	2. 21. 35	1. 26. 43	45	9. 22. 37	10. 35		

MANCHE POUR COCHEMANN d'enfant, sauf à la raccourcir selon la longueur du bras. 38. 40 et 42 de grosseur de ceinture.

Horizontale.	0	4	11	36	62	65	
Verticale . .	10	17	22	21	11. 25	13	

MANCHE POUR BLOUSE.

Horizontale,	0	5	19	39	42
Verticale . .	1	18	19	21	00

MANCHE ÉCONOMIQUE POUR PALETOT D'HIVER (grande taille).

Dessus bras.								
Horizontale.	0	2	7	17	23	40	58	68
Verticale . .	20	11. 27	32	1. 36	1. 43	3. 34	5. 27	6. 25
Dessous bras.								
Horizontale.	0	3	6 1/2	17	23	28	42	56
Verticale . .	17	14. 20	11 1/2. 24	4. 22	1. 21	20	20	1. 19

NOTA. — 11 et 36 sont les points qui forment le dessous bras et indiquent les deux coutures.

JUPES.

JUPES POUR REDINGOTES OU PALETOTS A TAILLE, FORME PLATE.

Grosseur de ceinture 38.

	1re ligne.	2e	3e	4e	5e	6e	7e	8e	9e	10e	11e
Horizontale.	0	8	14	38	57						
Verticale . .	45	29. 50	53	67	00						

RÈGLE POUR LES JUPES. — On prendra pour chaque vêtement celle qui a rapport à la grosseur de ceinture.

Grosseur de ceinture 40.

Horizontale.	0	14	37	60							
Verticale . .	46, 48	56, 58	70, 72	00							

Grosseur de ceinture 44.

Horizontale.	0	16	41	66							
Verticale . .	48, 50	60, 62	76, 78	00							

Grosseur de ceinture 46.

Horizontale.	0	16	41	66							
Verticale . .	51, 53	62, 64	76, 78	00							

Grosseur de ceinture 48.

Horizontale.	0	17	44	71							
Verticale . .	52, 55	64, 67	80. 83	00							

Grosseur de ceinture 52.

Horizontale.	0	19	47	76							
Verticale . .	55, 59	70. 73	88, 91	00							

Grosseur de ceinture 55.

Horizontale.	0	19	46	73							
Verticale . .	62, 65	74. 77	92, 95	00							

Grosseur de ceinture 60.

Horizontale.	0	20	46	73							
Verticale . .	64. 67	75, 78	93, 96	00							

5

JUPE DE REDINGOTE OU DE PALETOT TUYAUTANTE (grande ampleur).

	1re ligne,	2e	3e	4e	5e	6e	7e	8e	9e	10e	11e
Horizontale.	0	7	14	18	24	47	68				
Verticale . .	40.81	38	33	25	12.78	62	00				

JUPE DE TUNIQUE POUR POMPIER OU GARDE-NATIONAL DE CAMPAGNE (petite ampleur).

Horizontale.	0	16	39	53							
Verticale . .	48	78	57	00							

NOTA. — Elle peut servir pour toutes les tailles, sauf à l'agrandir ou à la diminuer.

AUTRE JUPE DE TUNIQUE qui n'est pas tout à fait la même que la précédente. Grosseur de ceinture 38 et 40.

Horizontale.	0	18	23	32	39	62	75	84			
Verticale . .	72	27.74	26.74	20	72	50	42	00			

JUPE DE TUNIQUE POUR HOMME (ampleur ordinaire). Grosseur de ceinture 40, 42, 44 et 46.

Horizontale.	0	14	23	32	39	62	75	84			
Verticale . .	72	27.74	26.74	20	72	50	42	00			

NOTA. — Pour les hommes gros on l'élargira selon la grosseur, du haut seulement et derrière.

JUPE DE TUNIQUE POUR HOMME. Elle est plate comme celle d'une Redingote.

Horizontale.	0	12	34	53							
Verticale . .	41	54	70	00							

JUPE DE TUNIQUE D'OFFICIER (grande ampleur). Elle peut servir pour toutes les tailles. Grosseur de ceinture 38, 40, 44 et 50.

Horizontale.	0	43	51	59	101						
Verticale . .	12	8	18.61	4	4						

NOTA. — Il faut tendre le creux pour qu'il ait la longueur pour les hommes gros.

AUTRE JUPE POUR TUNIQUE AVEC TRACÉ SIMPLIFIÉ.

Horizontale.	0	6	31	56	70						
Verticale . .	68	28	68	44	00						

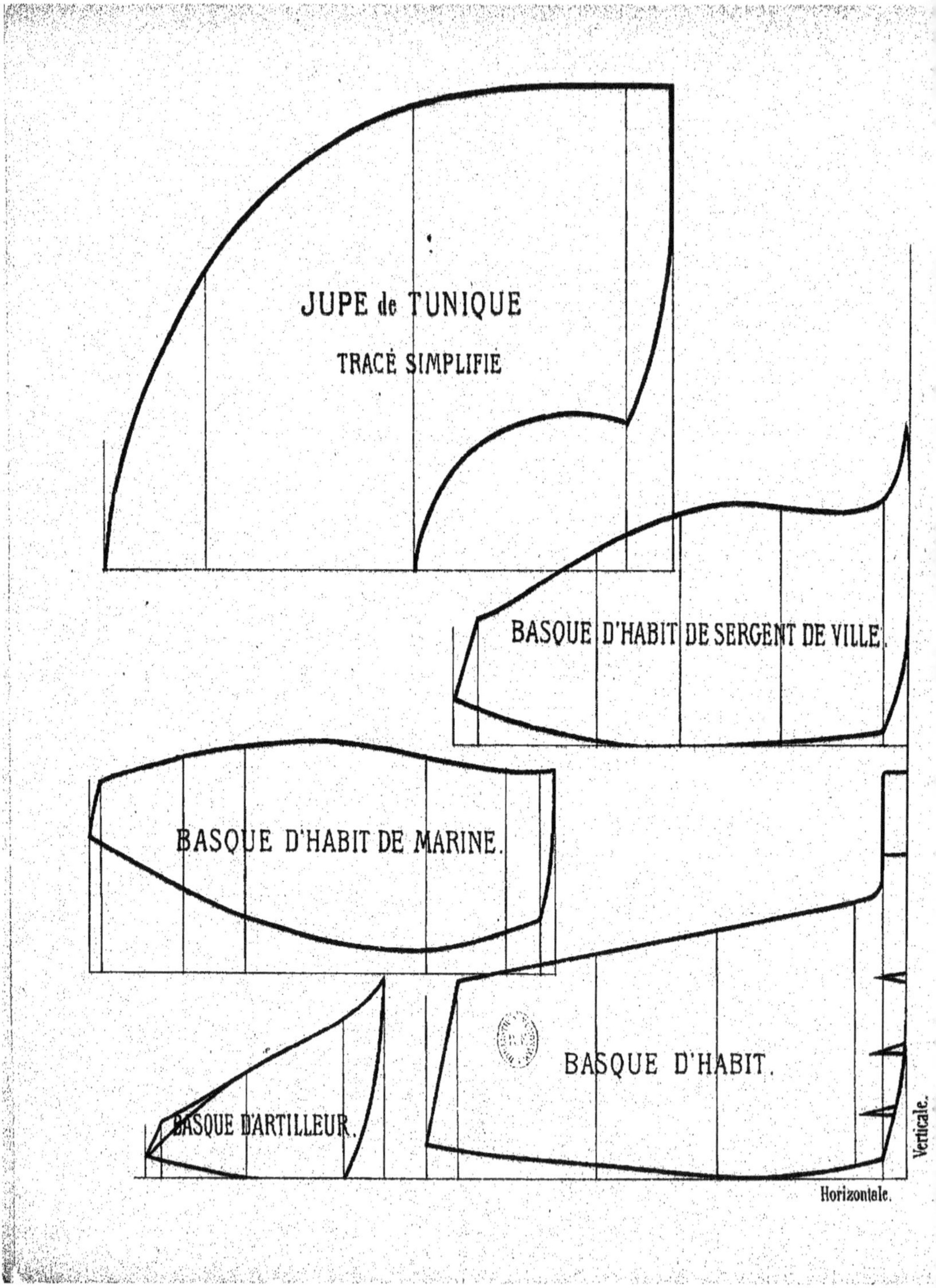

JUPE de TUNIQUE

TRACÉ SIMPLIFIÉ

BASQUE D'HABIT DE SERGENT DE VILLE.

BASQUE D'HABIT DE MARINE.

BASQUE D'HABIT.

BASQUE D'ARTILLEUR.

Verticale.

Horizontale.

JUPES POUR REDINGOTES DROITES D'ENFANTS DÉSIGNÉS SOUS LE NOM DE BASQUETTES (on fait ces formes-là pour les enfants qui communient). Grosseur de ceinture 34, 36 et 38.

	1re ligne.	2e	3e	4e	5e	6e	7e	8e	9e	10e	11e
Horizontale.	0	7	12	22	41	46					
Verticale . .	33	22	50	61	34	00					

NOTA. — Pour les quatre Basquettes une seule Jupe suffit, sauf à l'agrandir ou à la diminuer.

JUPE DE TUNIQUE D'ENFANT. Grosseur de ceinture 32 et 34.

Horizontale.	0	5	11	16	23	44	58				
Verticale . .	21, 58	20. 58	18. 57	15. 56	53	39	00				

JUPE DE TUNIQUE D'ENFANT. Grosseur de ceinture 36 et 38.

Horizontale.	0	5	11	16	23	44	58				
Verticale . .	24. 61	23. 61	22. 61	18. 60	57	43	00				

BASQUES.

BASQUE D'HABIT DE CÉRÉMONIE. Grosseur de ceinture 40 et 42.

Horizontale.	0	3	24	52	54						
Verticale . .	14. 32	2. 33	1. 27	2. 19	2						

RÈGLE POUR LES BASQUES. — On prendra pour chaque Vêtement, celle qui a rapport à la grosseur de ceinture.

BASQUE D'HABIT DE CÉRÉMONIE. Grosseur de ceinture 44 et 46.

Horizontale.	0	3	27	52	54						
Verticale . .	15. 33	2. 32	1. 26	3. 20	3 1/2						

BASQUE D'HABIT DE CÉRÉMONIE. Grosseur de ceinture 50, 52 et 54.

Horizontale.	0	3	21	37	53	57					
Verticale . .	14. 37	3. 38	1. 33	1 1/2. 29	3. 24	3					

BASQUE D'HABIT DE SERGENT DE VILLE. Abattre le haut du devant d'un centimètre.
Grosseur de ceinture 38 à 42.

Horizontale.	0	3 1/2	15	26	37	52	54				
Verticale . .	11. 37	2. 37	1. 26	25	1. 21	5. 14	6				

NOTA. — Pour faire ce dernier il faut prendre le corsage de Tunique et ajouter la Basque.

BASQUE D'HABIT DE SERGENT DE VILLE. Grosseur de ceinture 46 à 52.

	1re ligne.	2e	3e	4e	5e	6e	7e	8e	9e	10e	11e
Horizontale.	0	3	15	26	37	52	54				
Verticale ..	13.37	3.37	1.27	1 1/2.26	3.23	7.16	8				

BASQUE D'HABIT DE MARINE.

Horizontale.	0	2	6	25	38	57	58				
Verticale ..	14.22	6 1/2	22	3.24	7.24	11.20	14				

BASQUE D'ARTILLEUR.

Horizontale.	0	5	16	25	26						
Verticale ..	22	18	12	2 1/2, 7 1/2	3						

BASQUE POUR JAQUETTE DE CHASSE. Elle peut servir pour toutes.

Horizontale.	0	10	35	48							
Verticale ..	51	56	67	00							

NOTA. — Pour faire la Jaquette de chasse, on prend, pour faire le corsage, la Redingote droite avec une Manche de fantaisie.

BASQUE POUR HABIT DE GARÇON DE CERCLE. On prend un dos de Redingote, 44 de ceinture.

Horizontale.	0	10	19	34	52						
Verticale ..	39	2.41	6.43	13.16	22.47						

DEVANT DE L'HABIT DE GARÇON DE CERCLE. On prend un dos de Redingote, soit celui du 44.

Horizontale.	0	4	6	10	18	25	43	51	53	56	
Verticale ..	16	16	14.35	7	2 1/2.25.36	32.43	2.31.33.43	5.32	6.20	7.45	

PLASTRON.

PLASTRON POUR L'HABIT D'ARTILLEUR.

Horizontale.	0	3	4 1/2	9	10	19	33	47			
Verticale ..	14	4.16	20	3. 21. 26	23	1.26	20	00			

JUPE

DOS

Horizontale.

Verticale.

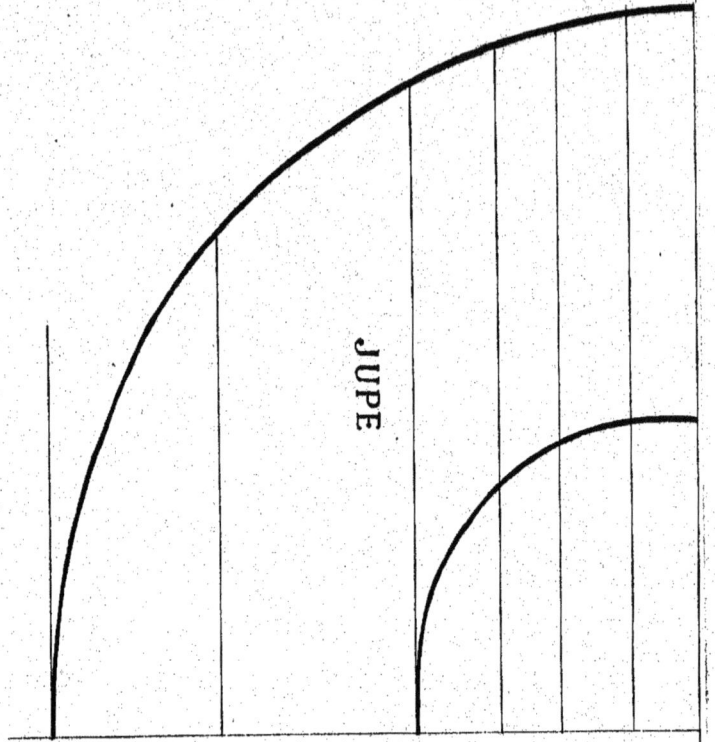

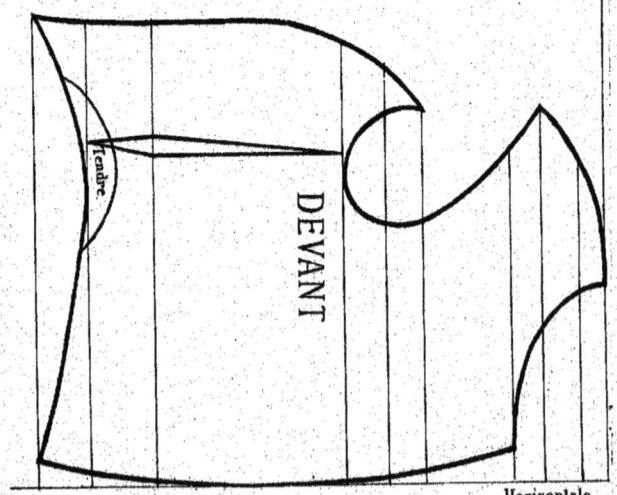

TUNIQUE D'ENFANT

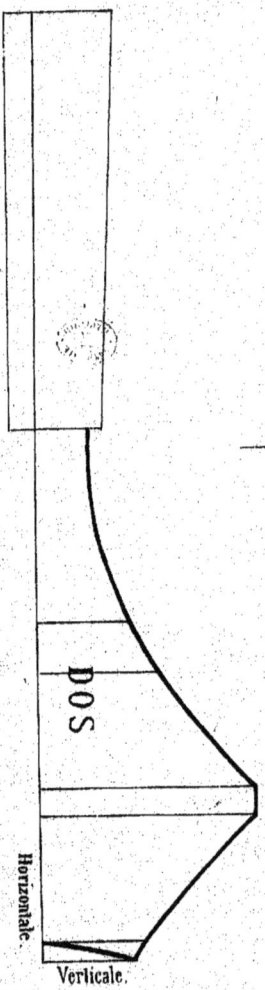

l'cadre

DEVANT

Horizontale.

TUNIQUES.

TUNIQUE POUR UN JEUNE HOMME grand de taille, épaules un peu basses, le cou long et très-maigre. Grosseur de poitrine 43, ceinture 39.

	1re ligne.	2e	3e	4e	5e	6e	7e	8e	9e	10e	11e
	Dos										
Horizontale.	0	1	14	17	27	36	49				
Verticale . .	6.	0	18 1/2	18	9	6	4				
	Devant										
Horizontale.	0	4	6	10	19	26	42	50	52		
Verticale . .	21	19, 32	7	38	2, 25, 36	1, 19, 40	27, 29, 40	27	38		
	Manche										
Horizontale.	0	2	10	31	53	57					
Verticale . .	10	15	21	18	8, 21	11					

TUNIQUE D'HOMME. Grosseur de poitrine 44, ceinture 40.

	Dos										
Horizontale.	0	1 1/2	13	16	23	32	47				
Verticale . .	6	0	19 1/2	19	13	7 1/2	4				
	Devant										
Horizontale.	0	4	7	8	20	26	34	44	50	53	
Verticale . .	20	18, 38	8	7, 37	2, 25, 37	1, 30, 41	30, 42	28, 30, 40	29	39	
	Manche										
Horizontale.	0	3	10	33	55	59					
Verticale . .	9	13	22	20	9, 22	10					

TUNIQUE D'HOMME. Grosseur de poitrine 46, ceinture 40.

	Dos										
Horizontale.	0	1	13	16	24	32	46				
Verticale . .	7	0	20 1/2	19 1/2	13	7 1/2	4				
	Devant										
Horizontale.	0	4	6	7 1/2	19	25	31	41	48	51	53
Verticale . .	16	15, 30	12, 34	5	1, 23, 35	28, 39	29, 40	28, 30, 40	29	0	1, 38
	Manche										
Horizontale.	0	3	10	35	58	63					
Verticale . .	9	14	22	20	0, 23	12					

TUNIQUE D'HOMME. Grosseur de poitrine 48, ceinture 40.

	1re ligne.	2e	3e	4e	5e	6e	7e	8e	9e	10e	11e
	Dos										
Horizontale.	0	1	13	15	22	34	47				
Verticale . .	7	0	21	20	14	7	4				
	Devant										
Horizontale.	0	3	6	8	20	25	34	49	52	54	
Verticale . .	15	15	13.34	4	1.23.36	29.39	28.42	2.27	3	40	
	Manche										
Horizontale.	0	3	11	33	56	61					
Verticale . .	10	17	23	21	9.24	11					

TUNIQUE D'HOMME. Grosseur de poitrine 50, ceinture 44.

	Dos										
Horizontale.	0	1 1/2	13	16	24	33	42	48			
Verticale . .	7	0	21	20 1/2	14	9	5	4			
	Devant										
Horizontale.	0	3	6	9	19	26	44	51	54		
Verticale . .	16	16.30	14.35	5.32	1.24.38	31.42	31.33.44	23.32	43		
	Manche										
Horizontale.	0	3	12	38	60	65					
Verticale . .	10	18	23	21	25	14					

TUNIQUE D'HOMME. Grosseur de poitrine 52, ceinture 44.

	Dos										
Horizontale.	0	1	14	17	31	38	49				
Verticale . .	7	0	22	21	10	6	5				
	Devant										
Horizontale.	0	5	7	9	21	26	37	51	53	55	
Verticale . .	17	16	13.37	5.34	1.25.38	31.42	31.44	29	13	42	
	Manche										
Horizontale.	0	3	12	38	60	65					
Verticale . .	10	18	23	20	24	14					

TUNIQUE D'HOMME. Grosseur de poitrine 52, ceinture 48.

	Dos										
Horizontale.	0	1	14	17	31	38	49				
Verticale . .	7	0	22	21	10	6	5				
	Devant										
Horizontale.	0	5	10	17	26	44	50	54	56		
Verticale . .	13	13.32	3.28	1.24.36	20.43	32.34.47	33.47	15.47	00		

Nota. — On prendra la Manche du modèle précédent.

TUNIQUE D'HOMME. Grosseur de poitrine 54, ceinture 54.

	1re ligne.	2e	3e	4e	5e	6e	7e	8e	9e	10e	11e
	Dos										
Horizontale.	0	1	14	17	27	37	44	50			
Verticale . .	7	0	22	21 ½	14	8	5	4 ½			
	Devant										
Horizontale.	0	4	7	9	21	25	30	45	53	56	
Verticale . .	24	23	20.43	11	7.33.46	33.45.50	5.40.52	1.39.41.54	40	53	

Nota. — Pour cette Tunique, on prendra la Manche du 52 et la Jupe la plus grande en ayant soin de l'élargir autant qu'il sera nécessaire.

TUNIQUE D'HOMME. Grosseur de poitrine 54, ceinture 56.

	Dos							
Horizontale.	0	1	14	18	26	35	42	51
Verticale . .	8	0	23	22	15	9	6	5
	Devant							
Horizontale.	0	4	8	9	22	30	48	53	58
Verticale . .	28	27.43	23.48	15	9.36.50	6.43.55	1.42.44.57	42	56
	Manche							
Horizontale.	0	3	12	36	58	63		
Verticale . .	10	19	24	22	26	12		

TUNIQUE D'HOMME. Grosseur de poitrine 58, ceinture 58.

	Dos							
Horizontale.	0	1	14	17	27	37	44	50
Verticale . .	7	0	22	21 ½	14	8	5	4 ½
	Devant							
Horizontale.	0	7	9	21	31	46	53	57
Verticale . .	28	23.47	14	8.34.50	5.40.56	2.41.42.58	42	58

Nota. — Pour cette Tunique, on prendra la Manche du 52 et la Jupe la plus grande en ayant soin de l'élargir autant qu'il sera nécessaire.

TUNIQUE D'ENFANT. Grosseur de poitrine 34, ceinture 32.

	Dos									
Horizontale.	0	1	9	11	16	24	36			
Verticale . .	5	0	15	14	10	5	3			
	Devant									
Horizontale.	0	2	4	6	14	18	24	33	39	41
Verticale . .	12	12	11.25	4	1.18.27	1.22.30	31	21.22.31	21	31
	Manche									
Horizontale.	0	2	8	23	42	45				
Verticale . .	7	11	17	15	6.17	7				

TUNIQUE D'ENFANT. Grosseur de poitrine 36, ceinture 34.

	1re ligne.	2e	3e	4e	5e	6e	7e	8e	9e	10e	11e
Dos											
Horizontale.	0	1	11	13	19	33	40				
Verticale . .	6	0	17	16 1/2	10	4	3 1/2				
Devant											
Horizontale.	0	5	7	15	21	36	42	45			
Verticale . .	13	10.28	3	1. 19. 29	24. 34	1. 23. 26. 35	2. 26	36			
Manche											
Horizontale.	0	3	9	30	50	54					
Verticale . .	8	14	17	14	8. 19	10					

TUNIQUE D'ENFANT. Grosseur de poitrine 38, ceinture 34.

	1re ligne.	2e	3e	4e	5e	6e	7e	8e	9e	10e	11e
Dos											
Horizontale.	0	1	11	13	22	36	41				
Verticale . .	6	0	17	17	9	4	4				
Devant											
Horizontale.	0	2	5	7	15	18	21	37	42	46	
Verticale . .	14	13	10. 29	2	1. 19. 29	19	25. 34	1. 23. 27. 35	26. 36	2. 36	

NOTA. — Prendre la Manche du modèle précédent, sauf à l'allonger ou à la raccourcir.

TUNIQUE D'ENFANT. Grosseur de poitrine 42, ceinture 36.

	1re ligne.	2e	3e	4e	5e	6e	7e	8e	9e	10e	11e
Dos											
Horizontale.	0	1	13	15	22	35	44				
Verticale . .	6	0	19	19	12	5	4				
Devant											
Horizontale.	0	4	7	8	20	25	32	43	48	52	
Verticale . .	16	15	3 1/2. 5.10	3. 33	20 1/2. 31	25. 35	25. 37	1. 24. 26. 35	1. 25. 36	1. 36	
Manche											
Horizontale.	0	2	9	31	53	57					
Verticale . .	0	14	19	16	8. 20	10					
Manche large pour cette Tunique.											
Horizontale.	0	2	10	31	53	57					
Verticale . .	10	15	21	18	8. 21	11					

NOTA. — Pour les Tuniques, l'épaisseur du drap est toujours la même, la mesure doit être prise sous la Tunique.

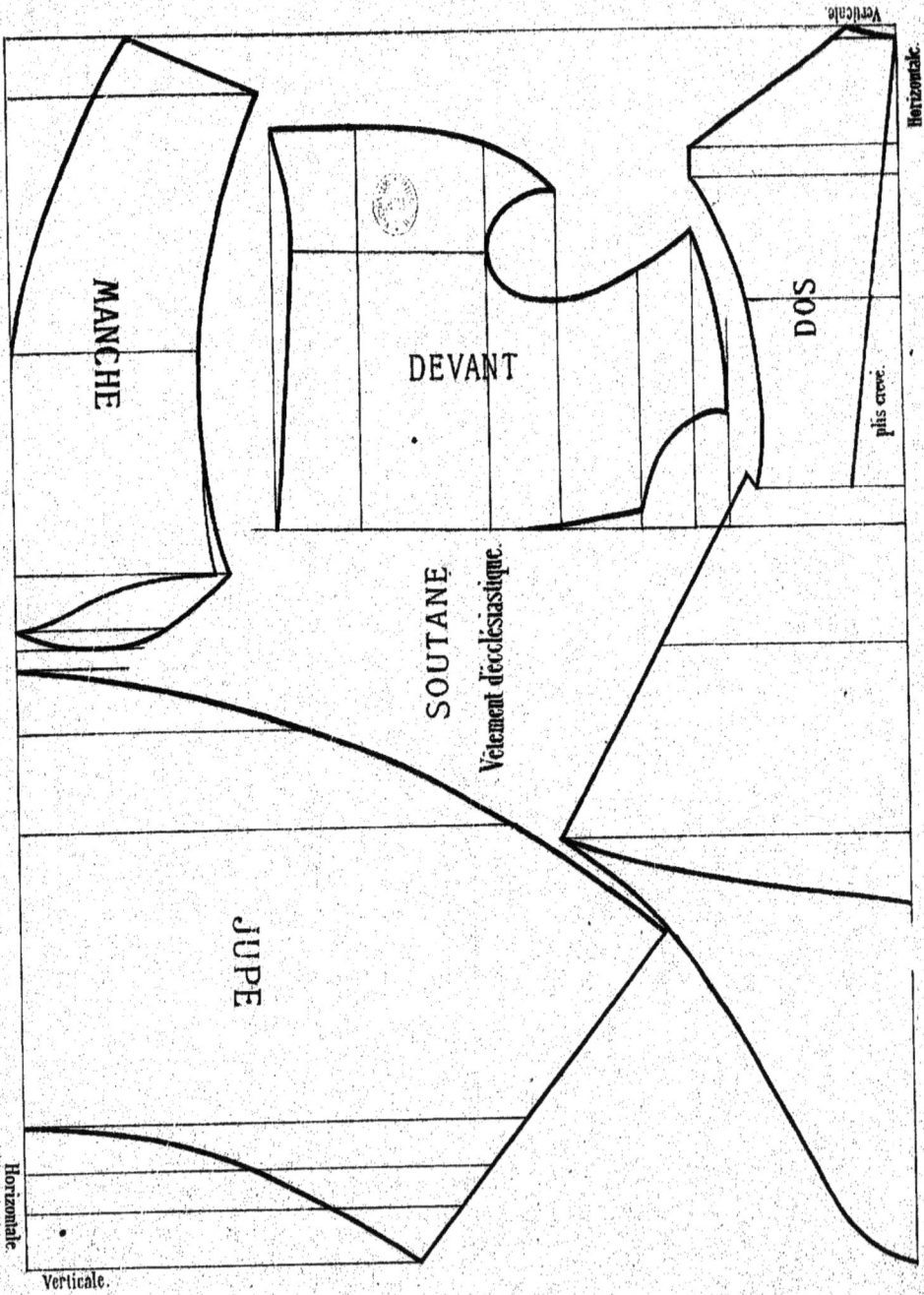

MANCHE

DEVANT

DOS

SOUTANE

Vêtement d'ecclésiastique.

JUPE

Verticale.

Horizontale.

plis creux.

Horizontale.

Verticale.

SOUTANES, DOUILLETTES, PÉLERINES & MANTEAU.

SOUTANES.

SOUTANE. Grosseur de poitrine 46, ceinture 43. Il faut creuser le bas du devant en face de la couture du côté de 2 c. 1/2.

	1re ligne.	2e	3e	4e	5e	6e	7e	8e	9e	10e	11e
Dos											
Horizontale.	0	1	12	15	25	46	82	136	160	180	210
Verticale . .	7	0	2.20	2.20	4.16	6.16.18	34	68	37	24	00
Devant											
Horizontale.	0	5	11	17	24	42	48				
Verticale . .	11	10.29	2.23	1.21.33	28.38	27.29.38	38				

Nota. — On prendra la Manche et la Jupe du 48 de grosseur de poitrine.

SOUTANE. Grosseur de poitrine 48, ceinture 45. Il faut creuser le bas du devant de 0,01 c.

Dos											
Horizontale.	0	1	12	15	26	47	82	136	160	180	210
Verticale . .	7	0	2.21	2.21	3.17	6.16.18	38	72	41	26	00
Devant											
Horizontale.	0	4	10	17	24	39	49				
Verticale . .	12	11.31	3.25	1.22.35	29.40	29.42	30.41				
Jupe											
Horizontale.	0	6	10	14	50	78	99	116			
Verticale . .	35	28	21	47	72	100	70	00			

Nota. — On prendra la Manche du 50 de grosseur de poitrine.

SOUTANE. Grosseur de poitrine 50, ceinture 48. Il faut creuser le bas du devant en face de la couture de côté de 0,02 c.

Dos											
Horizontale.	0	1	12	15	26	47	82	136	160	180	210
Verticale . .	7	0	2.22	2.22	3.18	6.17.19	38	70	40	25	00
Devant											
Horizontale.	0	4	11	17	25	39	48				
Verticale . .	13	12 1/2.32	3.25	2.23.37	1.30.42	30.31.43	43				
Manche											
Horizontale.	0	2	9	33	59	64					
Verticale . .	0	16	22	20	10.24	13					
Jupe											
Horizontale.	0	6	12	16	52	82	101	118			
Verticale . .	42	35	23	54	81	104	70	00			

SOUTANE. Grosseur de poitrine 52, ceinture 52. Creuser le bas du devant de 0,02 c.

	1re ligne.	2e	3e	4e	5e	6e	7e	8e	9e	10e	11e
Dos											
Horizontale.	0	1	13	16	26	48	82	136	160	180	210
Verticale . .	7	0	2.22	2.22	4.18	6. 16. 18	39	72	41	26	00
Devant											
Horizontale.	0	5	10	20	26	40	49				
Verticale . .	13	12.32	3. 4. 28	1. 24. 38	1. 32. 48	33. 34. 36	34. 46				

Nota. — On prendra la Manche et la Jupe du 50 de grosseur de poitrine.

SOUTANE. Grosseur de poitrine 56, ceinture 56. Creuser le bas du devant de 0,03 c.

Dos											
Horizontale.	0	1	13	16	26	49	82	136	160	180	210
Verticale . .	7	0	2.23	2.23	4.18	6. 16. 18	39	72	41	26	00
Devant											
Horizontale.	0	5 ½	10	19	26	40	49				
Verticale . .	18	16.38	6. 7. 33	4. 28. 42	3. 34. 48	1. 55. 36. 50	35. 50				
Jupe											
Horizontale.	0	6	12	16	52	84	101	118			
Verticale . .	50	41	21	62	86	108	77	00			
Manche											
Horizontale.	0	2	0	33	59	64					
Verticale . .	9	16	23	20	10. 25	13					

SOUTANE. Grosseur de poitrine 58, ceinture 58. Il faut creuser le bas du devant de 2 c. ½.

Dos											
Horizontale.	0	2	13	17	30	48	90	136	163	212	
Verticale . .	7	0	22	22	17	7. 18	49	70	38	00	
Devant											
Horizontale.	0	5 ½	11	19	28	49					
Verticale . .	21	19.42	8. 36	6. 31. 46	4. 38. 52	55					
Manche											
Horizontale.	0	2	10	34	58	63					
Verticale . .	0	16	24	21	9. 26	12					

DOUILLETTES.

DOUILLETTE, vêtement ecclésiastique (Pardessus ouaté). Grosseur de poitrine de 46 à 48.

	1re ligne.	2e	3e	4e	5e	6e	7e	8e	9e	10e	11e
	Dos										
Horizontale.	0	1 ½	12	18	24	45	87	130	134		
Verticale . .	7	0	20	20	23	21	27	30	00		
	Devant										
Horizontale.	0	6	9	11	23	25	46	86	126	133	
Verticale . .	20	18.37	3.14	11.32	27.37	31	40	48	60	00	
	Manche										
Horizontale.	0	3	11	32	52	57					
Verticale . .	9	16	22	21	8.15	10					

NOTA. — L'étoffe est un mérinos double chaîne. Ce Vêtement est généralement ouaté.

DOUILLETTE. Même forme que la précédente. Grosseur de poitrine de 53 à 54.

	Dos										
Horizontale.	0	1 ½	13	20	26	49	87	131	136		
Verticale . .	7	0	22	22	25	23	29	37	00		
	Devant										
Horizontale.	0	7	10	12	25	27	50	86	128	135	
Verticale . .	22	19.40	3.15	11.34	30.41	34	44	53	66	00	
	Manche										
Horizontale.	0	3	12	35	57	62					
Verticale . .	10	17	24	23	8.27	10					

DOUILLETTE. Même forme que la précédente. Grosseur de poitrine 58, ceinture 58.

	Dos										
Horizontale.	0	2	13	21	26	51	96	129	136		
Verticale . .	8	0	24	24	27	25	34	42	00		
	Devant										
Horizontale.	0	8	11	13	26	29	47	82	128	137	
Verticale . .	24	24.44	4	3.13	2.35.40	39	48	57	71	00	
	Manche										
Horizontale.	0	3	12	30	57	62					
Verticale . .	10	17	25	24	8.27	10					

PÉLERINES.

PÉLERINE POUR ECCLÉSIASTIQUE avec col droit comme à la Soutane. Grosseur de poitrine 48 c.

	1re ligne.	2e	3e	4e	5e	6e	7e	8e	9e	10e	11e
	Dos										
Horizontale.	0	4	17	35	55	67					
Verticale . .	8	19	39	59	35	00					
	Devant										
Horizontale.	0	6	16	34	53	63					
Verticale . .	10	22	37	60	37	00					

PÉLERINE POUR ECCLÉSIASTIQUE avec col droit comme à la Soutane. Grosseur de poitrine 52 ou 54.
Le haut du dos se trace de 4 1/2 à 10 c.

	Dos										
Horizontale.	0	2	4 1/2	17	35	57	69				
Verticale . .	10	7.17	22	41	64	40	00				
	Devant										
Horizontale.	0	4	6 1/2	18	38	56	65				
Verticale . .	12	7 1/2. 20	26	42	65	41	00				

NOTA. — L'encolure se détermine selon la grosseur du cou généralement de 21 à 23 c.

MANTEAU DE BEDEAU.

MODÈLE TYPE D'UN MANTEAU DE BEDEAU D'ÉGLISE. Les Manches sont très-larges et sont relevées dans le bas au moyen d'une patte et d'un bouton, il y a une pèlerine bordée avec un galon d'argent à plat.

	Dos								
Horizontale.	0	11	33	135	138				
Verticale . .	49	63	65	76	00				
	Devant								
Horizontale.	0	8	12	21	28	72	128	138	
Verticale . .	13	9, 32	1	26	40	55	74	00	
	Pèlerine								
Horizontale.	0	4	12	16	21	33	45		
Verticale . .	38	15	14	11.37	35	28	00		
	Manche								
Horizontale.	0	4	30	63	67				
Verticale . .	0	39	40	41	00				

OBSERVATIONS. — Le Dos est plissé dans le haut, et réduit avec l'encolure à la largeur de la Pèlerine. Ce Vêtement est passepoillé en rouge et orné d'un galon d'argent posé à plat sur le bord de la Pèlerine.

PETIT COTÈ

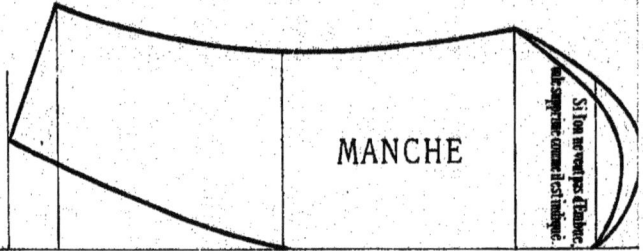

MANCHE

Si l'on ne veut pas d'habit-ne,
on le supprime comme il est indiqué.

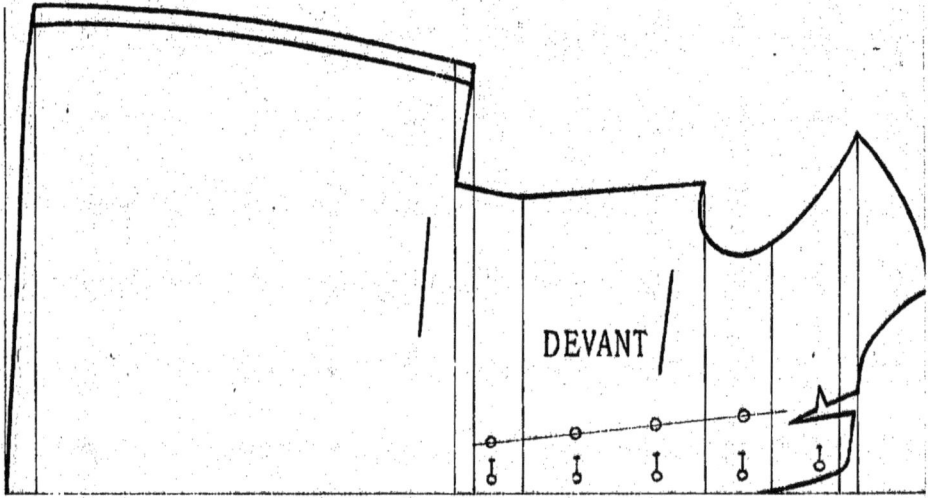

DEVANT

DORSAY.

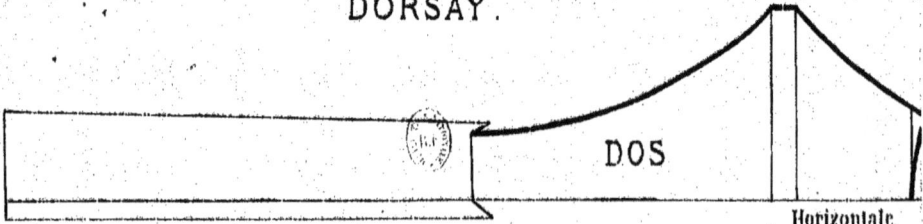

DOS

Horizontale.

DORSAYS.

DORSAY POUR UN JEUNE HOMME, il a la taille d'un homme, la grosseur très-ordinaire, il est élancé (on remarquera le côté pour le dos fort et celui pour le dos plat). Grosseur de poitrine 44, ceinture 38 ou 40.

	1re ligne.	2e	3e	4e	5e	6e	7e	8e	9e	10e	11e
Dos											
Horizontale.	0	1	14	16	25	48					
Verticale . .	6	0	18	18	10	5					
Devant											
Horizontale.	0	4	6	9	19	23	41	45	46 1/2	87	90
Verticale . .	18	18	15. 36	5. 7	25	31	30	42.45	30	54. 56	00
Petit côté dos fort											
Horizontale.	0	3	6	12	22	30	33				
Verticale . .	5	4. 9	11	13	1. 12	12	12				
Petit côté dos plat											
Horizontale.	0	7	15	28	33	35					
Verticale . .	5 1/2	11	1. 12	1. 12	12	00					

NOTA. — Voir les Manches, page 30.

DORSAY POUR HOMME. Grosseur de poitrine 46, ceinture 42.

Dos											
Horizontale.	0	1	14	17	26	49					
Verticale . .	7	0	19	19	10	6					
Devant											
Horizontale.	0	4	7	9	19	25	42	47	49	90	94
Verticale . .	23	21	16. 40	1. 6. 8	1. 28	1. 35	33	45.47	34	56. 58	00
Petit côté											
Horizontale.	0	4	7	15	26	33	35				
Verticale . .	5	4. 9	11	13	1. 12	12	12				

DORSAY POUR HOMME. Grosseur de poitrine 48, ceinture 44.

Dos											
Horizontale.	0	1	15	17	28	50					
Verticale . .	8	0	20	20	10	6					
Devant											
Horizontale.	0	4	7	10	17	25	43	48	50	92	97
Verticale . .	22	21	17. 41	1. 5. 7	29	36	35	48. 50	36	60. 62	00
Petit côté											
Horizontale.	0	7	26	32	34						
Verticale . .	5	12	1. 13	13	13						

DORSAY POUR HOMME. Grosseur de poitrine 51, ceinture 48.

	1re ligne.	2e	3e	4e	5e	6e	7e	8e	9e	10e	11e
Dos											
Horizontale	0	1	14	17	27	50					
Verticale	7	0	20	20	11	6					
Devant											
Horizontale	0	4	7	10	18	26	44	49	51	95	102
Verticale	22	21	16.41	1. 6. 8	28	36	35	49.51	36	62.64	00
Petit côté											
Horizontale	0	4	7	16	27	33	35				
Verticale	5	4.10	12	14	1.13	13	13				

DORSAY POUR HOMME. Grosseur de poitrine 52, ceinture 50.

	1re ligne.	2e	3e	4e	5e	6e	7e	8e	9e	10e	11e
Dos											
Horizontale	0	1	15	17	28	52					
Verticale	7	0	21	21	11	6					
Devant											
Horizontale	0	3	6	9	19	26	43	48	50	95	100
Verticale	22	20	16.41	2. 7. 9	1.29	37	36	51.53	37	64.66	00
Petit côté											
Horizontale	0	3 ½	8	16	34	36					
Verticale	5	4.10	13	14	14	14					

DORSAY POUR HOMME. Grosseur de poitrine 54, ceinture 54.

	1re ligne.	2e	3e	4e	5e	6e	7e	8e	9e	10e	11e
Dos											
Horizontale	0	1	14	17	27	55					
Verticale	7	0	21	21	12	7					
Devant											
Horizontale	0	6	10	22	26	28	44	53	93	104	
Verticale	22	10.42	6. 8	30	31. 30	35	41.59	41	73	00	
Petit côté											
Horizontale	0	8 ½	26	36	39						
Verticale	5	14	1. 15	15	15						

DORSAY POUR HOMME. Grosseur de poitrine 56, ceinture 56.

	1re ligne.	2e	3e	4e	5e	6e	7e	8e	9e	10e	11e
Dos											
Horizontale	0	1	15	18	29	55					
Verticale	8	0	21 ½	21 ½	12	7					
Devant											
Horizontale	0	4	7	10	23	28	50	53	97	104	
Verticale	23	23	18.43	1. 6. 9	30	32.40	41.60	42	72	00	
Petit côté											
Horizontale	0	4	8	20	26	36	39				
Verticale	5	4.11	14	15	1. 15 ½	16	16				

DORSAY POUR HOMME. Grosseur de poitrine 60, ceinture 60.

	1re ligne.	2e	3e	4e	5e	6e	7e	8e	9e	10e	11e
Dos											
Horizontale.	0	1	15	17	28	53					
Verticale . .	8	0	22	22	12	6					
Devant											
Horizontale.	0	4	6	10	22	28	53	55	102	110	
Verticale . .	22	21	19.42	6.8.37	30	40	59.61	43	67.70	00	
Petit côté											
Horizontale.	0	3	7	17	28	35	39				
Verticale . .	5	4.10	13	15	1.15	15	15				

DORSAY POUR ENFANT. Grosseur de poitrine 34, ceinture 32.

		2e	3e	4e	5e	6e	7e	8e	9e	10e	11e
Dos											
Horizontale.	0	1	10	12	22	36					
Verticale . .	5	0	14	14	7	4					
Devant											
Horizontale.	0	4	6	8	16	19 1/2	34	30	74	79	
Verticale . .	17	16	10.29	2.5.6	1.22	1.25	24	25.34.37	45.47	00	
Petit côté											
Horizontale.	0	5	16	25	28						
Verticale . .	4	8	1.10	10	10						

DORSAY POUR ENFANT. Grosseur de poitrine 36, ceinture 39.

		2e	3e	4e	5e	6e	7e	8e	9e	10e	11e
Dos											
Horizontale.	0	1	11	13	24	42					
Verticale . .	6	0	16	16	7 1/2	4 1/2					
Devant											
Horizontale.	0	4	7	9	16	22	37	42	43	80	83
Verticale . .	19	18	11.33	2.6.7.	1.23	29	26	37.39	27	45.47	00
Petit côté											
Horizontale.	0	6 1/2	21	29	32						
Verticale . .	3 1/2	9	1.10	10	10						

DORSAY POUR ENFANT. Grosseur de poitrine 39, ceinture 38.

		2e	3e	4e	5e	6e	7e	8e	9e	10e	11e
Dos											
Horizontale.	0	1	12	14	25	44					
Verticale . .	6	0	16 1/2	16 1/2	8	5					
Devant											
Horizontale.	0	4	7	9	18	22	38	43	81	83	
Verticale . .	19	18	14.31	3.7.8	1.24	1.29	28	29.39.41	47.49	00	
Petit côté											
Horizontale.	0	5 1/2	21	28	32						
Verticale . .	5	10	1.11	11	11						

DORSAY POUR ENFANT. Grosseur de poitrine 41, ceinture 39.

	1re ligne.	2e.	3e	4e	5e	6e	7e	8e	9e	10e	11e
Dos											
Horizontale.	0	1	13	15	25	44					
Verticale..	6	0	17	17	9	5					
Devant											
Horizontale.	0	4	7	9	17	23	40	45	87	91	
Verticale...	19	18	12.35	2.6.8.	1.24	29	27	28.39,41	48.50	00	
Petit côté											
Horizontale.	0	6	24	29	32						
Verticale...	4	10	1.11	11	11						

EXCEPTIONS POUR LES DORSAYS.

DORSAY POUR UN JEUNE HOMME QUI N'EST PAS ENCORE FORMÉ (il a la taille d'un homme et la grosseur d'un enfant). Grosseur de poitrine 43, ceinture 39.

Dos											
Horizontale.	0	1	14	17	26	50					
Verticale..	6 1/2	0	18	18	9 1/2	5					
Devant											
Horizontale.	0	4	8	16	22	25	43	50	90	95	
Verticale..	21	19	1.6,9.38	8.28	27	32	30	31.42,45	53.56	00	
Petit côté											
Horizontale.	0	4	7	23	32	35					
Verticale..	5	10	11	1.10	11	11					

DORSAY POUR UN JEUNE HOMME AYANT LES ÉPAULES HAUTES, le dos ressorti. Grosseur de poitrine 45, ceinture 41.

Dos											
Horizontale.	0	1	13	15	22	32	50				
Verticale..	6	0	19	19	12	8	6				
Devant											
Horizontale.	0	5	8	17	25	26	39	47	18 1/2	90	94
Verticale..	21	18.39	1.6.8,35	26	27.34	30	33	33.45,48	34	57.60	00
Petit côté											
Horizontale.	0	7	21	33	36						
Verticale..	4	11	1.12	11	11						

DORSAY POUR UN HOMME TRÈS-GRAND, sans être voûté. Il a la poitrine dans le dos sans exagération. de poitrine 49, ceinture 45.

	1re ligne.	2e	3e	4e	5e	6e	7e	8e	9e	10e	11e
	Dos										
Horizontale.	0	1	14	17	27	44	00				
Verticale . .	7	0	20	20	13	8	7				
	Devant										
Horizontale.	0	5	10	21	26	27	47	54	56	104	108
Verticale . .	20	19,39	7, 9, 35	29	31.38	34	35	36.39.52	36	55.58	00
	Petit côté										
Horizontale.	0	5	10	26	41	43					
Verticale . .	3	3.10	13	1.14	13	00					

DORSAY POUR UN HOMME TRÈS-GRAND. Il a le dos un peu rond, la poitrine creuse, épaules ordinaires plutôt basses que hautes. Grosseur de poitrine 54, ceinture 53.

	Dos										
Horizontale.	0	1	15	18	28	57					
Verticale . .	7	0	22	22	12	7					
	Devant										
Horizontale.	0	5	8	12	22	25	26 1/2	52	55	101	111
Verticale . .	19	18	16.39	6, 7, 34	30	32.12	34	42.59	43	77	00
	Petit côté										
Horizontale.	0	5	9	18	28	38	41				
Verticale . .	4	3 1/2. 10	13	14	1.14	1.14	14				

NOTA. — S'il était ouaté il irait à 51 et 51.

7

COCHEMANNS.

COCHEMANN FENDU. Grosseur de poitrine 40, ceinture 38.

	1re ligne.	2e	3e	4e	5e	6e	7e	8e	9e	10e	11e
Dos											
Horizontale.	0	1	11	17	27	40	51	79	81		
Verticale . .	6	0	17	1.17	2.16	3.16	2.18	22	00		
Devant											
Horizontale.	0	3	7	15	18	21	32	42	50	79	81
Verticale . .	20	19.30	1.6.8.35	1.26	1.24.33	27.35	27.35	26.28.35	27.37	43	00

COCHEMANN POUR JEUNES GENS. Grosseur de poitrine 42, ceinture 40.

Dos										
Horizontale.	0	1	13	19	33	48	88	90		
Verticale . .	7	0	18	1.19	2.17	3.18	24	00		
Devant										
Horizontale.	0	6	9	20	24	45	53	88	93	
Verticale . .	18	14.35	5.7	25.36	30.37	29.31.41	30.43	51	00	

COCHEMANN FENDU POUR JEUNES GENS. Grosseur de poitrine 44, ceinture 42.

Dos											
Horizontale.	0	1	13	20	33	43	50	67	88	90	
Verticale . .	7	0	19	1.20	2.18	3.17	3.19	20	23	00	
Devant											
Horizontale.	0	4	6	9	16	20	24	47	54	89	93
Verticale . .	21	20	17.38	2.7.8.31	1.28	1.26.38	1.31.39	30.32.42	31.43	52	00

COCHEMANN FENDU POUR HOMME. Grosseur de poitrine 47, ceinture 44.

Dos										
Horizontale.	0	1	13	20	30	48	55	88	91	
Verticale . .	7	0	1.21	1.22	2.18	3.19	3.20	25	00	
Devant										
Horizontale.	0	6	10	20	25	32	45	53	87	93
Verticale . .	20	18.37	5.7	26.37	31.39	31.41	31.33.42	32.43	52	00

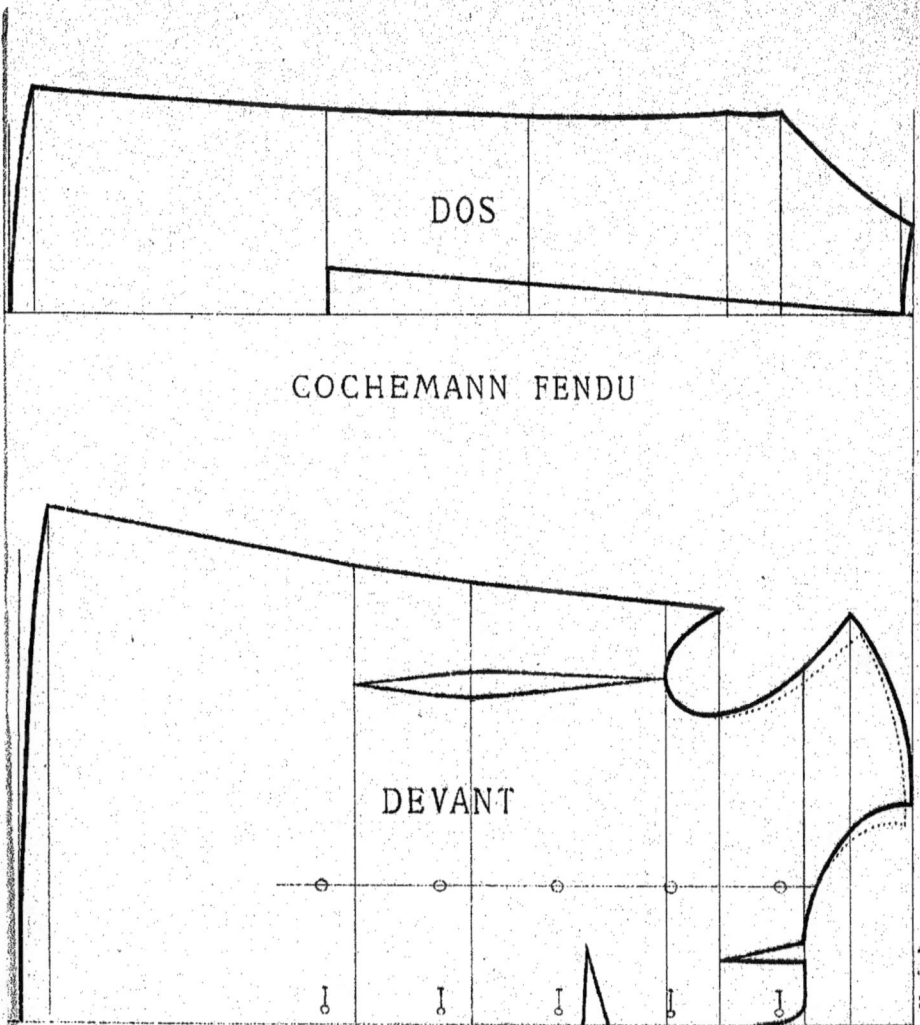

DOS

COCHEMANN FENDU

DEVANT

Verticale.

Horizontale.

Les points ronds représentent ce que produit un pli que l'on fait au devant de ses vêtements, pour les hommes qui ont le dos légèrement rond, et la poitrine plate.

COCHEMANN FENDU POUR HOMME. Grosseur de poitrine 48, ceinture 46.

	1re ligne.	2e	3e	4e	5e	6e	7e	8e	9e	10e	11e
Dos											
Horizontale.	0	1	13	20	31	46	61	91	93		
Verticale . .	7	0	20 1/2	1. 21 1/2	2.19	3.18	3.20	25	00		
Devant											
Horizontale.	0	5	10	20	26	37	49	58	89	95	
Verticale . .	20	18.38	5.7	27.39	32.42	32.43	32.34.45	34.46	55	00	

COCHEMANN FENDU POUR HOMME. Grosseur de poitrine 50, ceinture 48.

Dos									
Horizontale.	0	1	14	21	37	50	62	91	94
Verticale . .	7	0	1.21	1.22	2.18	2.18	3.20	25	00
Devant									
Horizontale.	0	6	10	20	26	47	55	87	96
Verticale . .	21	18.39	6.8	27.39	32.42	32.34.46	34.47	55	00

COCHEMANN FENDU POUR HOMME. Grosseur de poitrine 52, ceinture 50.

Dos								
Horizontale.	0	1	14	21	42	61	93	96
Verticale . .	7	0	1. 20 1/2	1.22	3.19	3.21	27	00
Devant								
Horizontale.	0	6	10	20	27	48	56	86	96
Verticale . .	21	19.39	6.8	28.40	34.43	35.37.47	36.50	60	00

COCHEMANN FENDU POUR HOMME. Grosseur de poitrine 54, ceinture 52.

Dos								
Horizontale.	0	1	14	22	41	53	93	95
Verticale . .	7	0	1.21	1.22	2.19	3.21	27	00
Devant								
Horizontale.	0	7	10	21	28	50	59	90	98
Verticale . .	22	17.40	6.9	29.42	35.45	35.37.50	36.53	61	00

COCHEMANN FENDU POUR HOMME. Grosseur de poitrine 56, ceinture 56.

Dos								
Horizontale.	0	1	14	22	48	66	98	102
Verticale . .	7	0	22	1.22	2.20	2.22	28	00
Devant								
Horizontale.	0	7	11	23	29	51	60	95	104
Verticale . .	22	17.40	6.8	29.42	36.46	37.30.50	30.51	62	00

COCHEMANN FENDU POUR HOMME. Grosseur de poitrine 58, ceinture 58.

	1re ligne.	2e	3e	4e	5e	6e	7e	8e	9e	10e	11e
Dos											
Horizontale.	0	1	14	21	40	61	98	100			
Verticale . .	7	0	1.22	1.23	2.21	3.23	29	00			
Devant											
Horizontale.	0	7	12	23	30	54	62	98	105		
Verticale . .	23	10.42	2.9.36	31.45	37.48	38.41.51	40.55	63	00		

COCHEMANN FENDU POUR UN HOMME DE PREMIÈRE TAILLE. Grosseur de poitrine 60, ceinture 60.

Dos											
Horizontale.	0	1 1/2	15	22	41	61	99	102			
Verticale .	2.9	2	2.23	2.25	2.24	3.26	32	00			
Devant											
Horizontale.	0	6	14	21	29	49	58	92	102		
Verticale .	22	20.42	7.9.36	33.48	39.51	39.41.56	41	70	00		

NOTA. — Ces Vêtements sont droits : si on voulait les faire croisés, il faudrait ajouter 0,03 c. sur le devant.

COCHEMANN D'ENFANT. Grosseur de poitrine 34, ceinture 32.

Dos											
Horizontale.	0	1	10	15	33	43	68	70			
Verticale . .	5	0	15	1.15	2.13	2.14	10	00			
Devant											
Horizontale.	0	3	7	14 1/2	10	34	41	67	70		
Verticale . .	16	15	1.4.6.30	21.29	24.30	23.24.30	24.31	37	00		

COCHEMANN D'ENFANT. Grosseur de poitrine 36, ceinture 36.

Dos											
Horizontale.	0	1	11	16	32	48	73	74			
Verticale . .	6	0	1.17	1.17 1/2	2.15	2.16	20	00			
Devant											
Horizontale.	0	5 1/2	9	16	20	36	45	72	75		
Verticale . .	18	14.32	4.6.28	23.31	25.32	24.26.33	25.34	40	00		

COCHEMANN D'ENFANT. Grosseur de poitrine 38, ceinture 37.

Dos											
Horizontale.	0	1	11	17	27	35	51	74	76		
Verticale . .	6	0	1.17	1.19	2.16	3.15	3.17	21	00		
Devant											
Horizontale.	0	3	6	8	18	21	30	46	74	76	
Verticale . .	18	18	15.34	1.6.8	1.23.33	1.27.34	25.27.34	25.35	40	00	

EXCEPTION POUR LES COCHEMANNS.

COCHEMANN FENDU POUR UN HOMME TRÈS-MAIGRE, épaules basses, cou très-long. Grosseur de poitrine 44, ceinture 43.

	1re ligne.	2e	3e	4e	5e	6e	7e	8e	9e	10e	11e
	Dos										
Horizontale.	0	2	14	19	24	40	55	66	100	103	
Verticale . .	8	0	1. 20	1. 21	2. 22	3. 21	3. 21	3. 22	26	00	
	Devant										
Horizontale.	0	4	7	12	20	25	27	45	70	101	104
Verticale . .	20	18	15. 38	6. 7. 32	28	29. 37	31	40	45	51	00

NOTA. — Voir les Manches page 30.

SOLFERINOS.

SOLFERINO POUR HOMME. Grosseur de poitrine 44, ceinture 40.

	1re ligne.	2e	3e	4e	5e	6e	7e	8e	9e	10e	11e
Dos											
Horizontale.	0	1	12	19	23	48	77	79			
Verticale . .	6	0	18	19	23	22	25	00			
Devant											
Horizontale.	0	3	5	9	18	23	45	79	81		
Verticale . .	16	15	13.31	3. 5. 27	23	30	1.33	7.30	00		

SOLFERINO POUR HOMME. Grosseur de poitrine 46, ceinture 42.

Dos											
Horizontale.	0	1	12	18	23	47	75	78			
Verticale . .	7	0	20	21	26	26	27	00			
Devant											
Horizontale.	0	3	5 1/2	10	20	24	47	71	76		
Verticale . .	16	16	15.33	4. 6. 29	25	33	1.34	4	11.39		

SOLFERINO POUR HOMME. Grosseur de poitrine 48, ceinture 44.

Dos											
Horizontale.	0	1	13	19	24	45	77	79			
Verticale . .	7	0	20 1/2	21 1/2	26	26	29	00			
Devant											
Horizontale.	0	3	5	9	20	25	47	71	78		
Verticale . .	16	15	14. 34	4. 6. 29	25	32	34	3. 38	8. 39		

SOLFERINO POUR HOMME. Grosseur de poitrine 50, ceinture 46.

Dos											
Horizontale.	0	1	12	20	23	45	77	80			
Verticale . .	7	0	21	22	27	27	30	00			
Devant											
Horizontale.	0	3	6	10	19	24	52	71	78		
Verticale . .	16	15	13. 34	4. 6. 29	25	33	1.38	4.41	14.42		

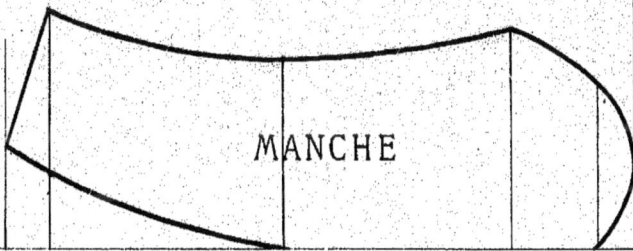

MANCHE

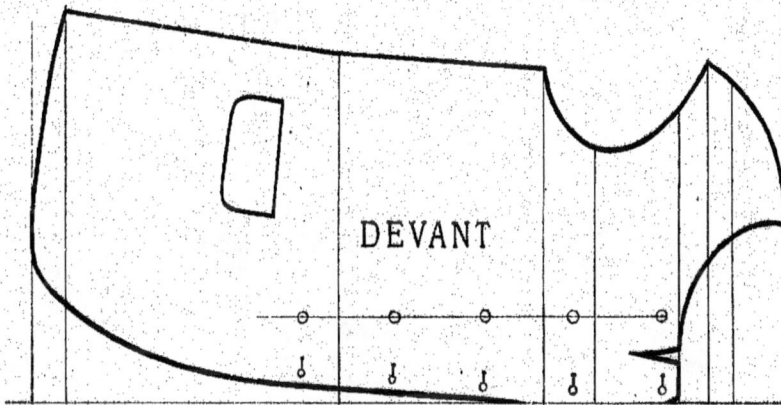

DEVANT

SOLFÉRINO.

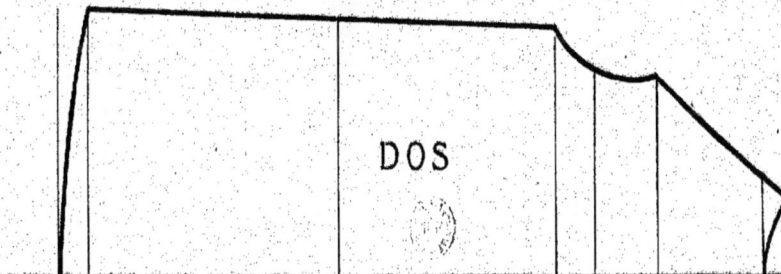

DOS

Verticale.

Horizontale.

SOLFERINO POUR HOMME. Grosseur de poitrine 53, ceinture 51.

	1re ligne.	2e	3e	4e	5e	6e	7e	8e	9e	10e	11e
Dos											
Horizontale.	0	1	13	19	26	47	89				
Verticale . .	7	0	22	22	29	29	32				
Devant											
Horizontale.	0	4	7	9	18	26	27	41	59	89	
Verticale . .	21	18	12, 39	2, 47	28	30, 38	32, 38	39	41	46	

SOLFERINO SANS REVERS, POUR HOMME, avec une petite croisure, boutonné avec un seul bouton, avec pattes et plis sur les côtés. Grosseur de poitrine 48, ceinture 44.

Dos										
Horizontale.	0	1	12	17	25	35	48	62	84	
Verticale . .	7	0	19 1/2	19 1/2	23	22	20	21. 23	21. 23	
Devant										
Horizontale.	0	3	7	0	17	24	25	46	63	85	89
Verticale . .	18	17	12.35	3. 5	1.26	25. 34	20	38	1.40.42	6. 44. 46	11

NOTA. — On prendra une Manche de fantaisie à la taille.

SOLFERINO MÊME FORME ET MÊME TOURNURE QUE LE PRÉCÉDENT, POUR HOMME. Il faut un col pèlerine long de 0,25 c. Grosseur de poitrine 52, ceinture 50.

Dos										
Horizontale.	0	1	12	18	25	40	51	62	85	
Verticale . .	7 1/2	0	20	20	24	22	21	22.24	24	
Devant										
Horizontale.	0	4	8	0	18	26	27	50	70	86	90
Verticale . .	21	19. 32	12. 38	5. 7	3.28	1. 27. 36	1.31	41	1. 44. 46	6. 47. 49	12

NOTA. — Ces deux tailles vont presque à tous les hommes de cette grosseur.

SOLFERINO POUR ENFANT (c'est un Vêtement court boutonnant haut). Grosseur de poitrine 34, ceinture 32.

Dos									
Horizontale.	0	1	10	15	18	36	57	59	
Verticale . .	6	0	15	15 1/2	19 1/2	19 1/2	20	00	
Devant									
Horizontale.	0	4	5 1/2	8	15	19	36	58	60
Verticale . .	13	12	10. 26	3. 4. 22	19	25	1. 27	7.31	12

SOLFERINO POUR ENFANT (même forme que le précédent). Grosseur de poitrine 38, ceinture 34.

Dos									
Horizontale.	0	1	10	15	18	34	58	60	
Verticale . .	6	0	16	16 1/2	20	20	22	00	
Devant									
Horizontale.	0	3	8	17	21	37	57	61	
Verticale . .	16	16	3. 6. 7. 30	1 1/2. 21	1. 26	26	3. 27	27	

SOLFERINO POUR JEUNES GENS AGÉS DE 14 A 16 ANS. Grosseur de poitrine 42, ceinture 38.

	1re ligne.	2e	3e	4e	5e	6e	7e	8e	9e	10e	11e
Dos											
Horizontale.	0	1	11	18	22	42	68	70			
Verticale . .	6	0	18	19	23	23	24	00			
Devant											
Horizontale.	0	3	5	9	17	22	41	69	71		
Verticale . .	14	13	11.30	3.5.26	21	29	2.31	7.36	00		

SOLFERINO AVEC PLIS ET PATTES SUR LES COTÉS, POUR ENFANT. Grosseur de poitrine 38, ceinture 38,

Dos											
Horizontale.	0	1	10	15	20	36	50	71			
Verticale . .	6	0	18	17	21	19	19.21	19.21			
Devant											
Horizontale.	0	3	7	9	17	22	51	71	73		
Verticale . .	16	15	9.29	1.5.6	22	30	44.46	5.38.40	00		

MANCHE

DEVANT

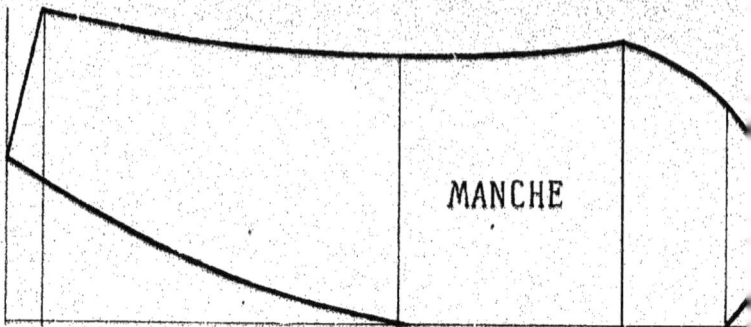

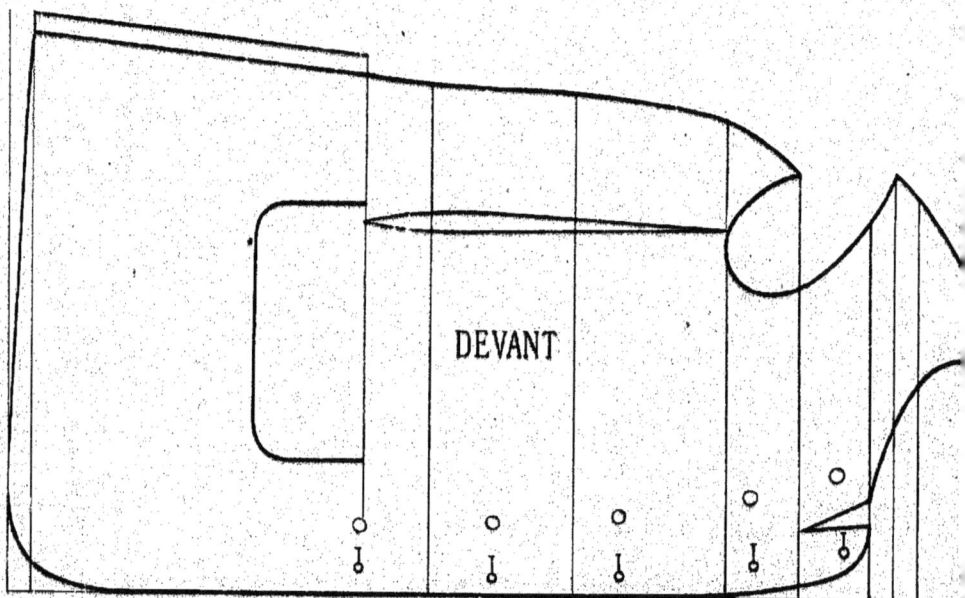

JAQUETTE ANGLAISE

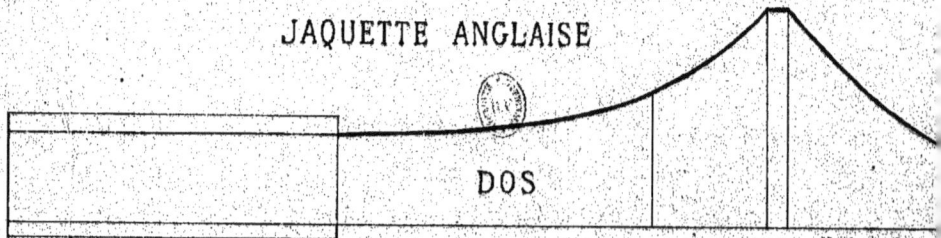

DOS

Horizontale.

JAQUETTES.

JAQUETTES ANGLAISES.

JAQUETTE ANGLAISE POUR ENFANT. Ces Vêtements ont la taille très-longue, il y a des pattes très-larges sur les hanches. Grosseur de poitrine 38, ceinture 34.

	1re ligne.	2e	3e	4e	5e	6e	7e	8e	9e	10e	11e
Dos											
Horizontale.	0	1	11 1/2	14	23	48					
Verticale . .	5	0	16	16	9	6 1/2					
Devant											
Horizontale.	0	3	5	9	14	20	32	43	48	74	76
Verticale . .	17	16	15. 32	2, 5, 6, 27	23. 32	27. 36	27. 38	27. 29. 39	28. 30. 41	1. 41. 43	00

JAQUETTE ANGLAISE POUR ENFANT, même forme que la précédente. Grosseur de poitrine 40, ceinture 36.

Dos											
Horizontale.	0	1	12 1/2	15	26	52					
Verticale . .	6	0	17	17	10	7					
Devant											
Horizontale.	0	5	9	13	20	30	40	48	75	80	
Verticale . .	16	13. 32	3, 4	22. 32	28. 37	29. 39	29. 31. 40	3. 31. 41. 44	5. 47. 49	8	

JAQUETTE ANGLAISE POUR JEUNES GENS, même forme que les précédentes. Grosseur de poitrine 41, ceinture 38.

Dos											
Horizontale.	0	1	12	15	29	54					
Verticale . .	5 1/2	0	17	17	9	7					
Devant											
Horizontale.	0	5 1/2	9	13 1/2	22	31	45	50	80	85	
Verticale . .	18	14. 34	4. 5. 28	23. 33	28. 38	29. 40	1. 30. 31. 41	2. 31. 44. 46	7. 49. 51	9	

JAQUETTE ANGLAISE. Ce Modèle ne peut servir que pour les jeunes gens qui ne sont pas encore formés. Grosseur de poitrine 43, ceinture 40.

Dos											
Horizontale.	0	1	13 1/2	14 1/2	25	53					
Verticale .	7	0	18	18	12	7 1/2					
Devant											
Horizontale.	0	4	7	8	18	25	44	50	90	92	
Verticale . .	21	19. 33	13. 37	2. 6. 8	1. 27. 37	30. 42	30. 32. 43	44. 47	8. 46. 49	13 46. 49	

NOTA. — Ces Jaquettes ont une petite croisure, elles se boutonnent au bord. Voir la Manche pages 31 et 32.

JAQUETTE ANGLAISE, taille longue et large avec grandes pattes. Épaules hautes sans exagération. Grosseur de poitrine 46, ceinture 41.

	1re ligne.	2e	3e	4e	5e	6e	7e	8e	9e	10e	11e
	Dos										
Horizontale.	0	1	14	17	31	57					
Verticale . .	7	0	10	19	11	7					
	Devant										
Horizontale.	0	5	7	16	21	25	48	57	78	91	
Verticale . .	19	17. 38	2, 7, 9	28. 37	26, 36, 42	32. 44	32.34.46	1.34.47.50	3. 48. 51	13.49.51	

JAQUETTE ANGLAISE, même forme et même genre que la précédente. Grosseur de poitrine 48, ceinture 42.

	Dos										
Horizontale.	0	1	14	17	20	50					
Verticale .	7	0	19 1/2	19 1/2	11	7					
	Devant										
Horizontale.	0	3	7	8	17	25	47	56	70	82	92
Verticale . .	24	23	4, 9, 11	42	1. 30. 42	34. 45	39.35.46	34.47.49	2	5	21.48.50

JAQUETTE ANGLAISE. Grosseur de poitrine 50, ceinture 46.

	Dos										
Horizontale.	0	1	15	18	30	58					
Verticale .	7	0	20	20	11 1/2	8					
	Devant										
Horizontale.	0	3 1/2	7	9	19	27	49	61	83	89	95
Verticale . .	28	26	7. 11. 13	46	3. 33. 44	2. 37. 49	35. 37.50	35.50.52	2 1/2	5 1/2	24. 50. 52

JAQUETTE ANGLAISE. Grosseur de poitrine 52, ceinture 48.

	Dos										
Horizontale.	0	1	15	18	30	58					
Verticale . .	7	0	21	21	12	8					
	Devant										
Horizontale.	0	4	8	19	26	49	59	81	93	96	
Verticale . .	24	21 1/2. 38	5. 7. 10. 43	1. 30. 42	35. 48	34.36.50	35. 51. 54	3	12.52.55	23	

JAQUETTE ANGLAISE, avec de grandes pattes, la taille longue. Grosseur de poitrine 55, ceinture 53.

	Dos										
Horizontale.	0	1	16	19	30	59					
Verticale . .	8	0	22	22	13	9					
	Devant										
Horizontale.	0	4	8	18 1/2	24	28	52	61	91	96	
Verticale . .	28	26 1/2. 42	5. 10. 15. 48	2. 31. 46	2. 33	1. 39. 52	38. 40. 53	39. 54. 57	5	19. 55. 56	

MANCHE

Verticale.

Horizontale.

JUPE

DEVANT

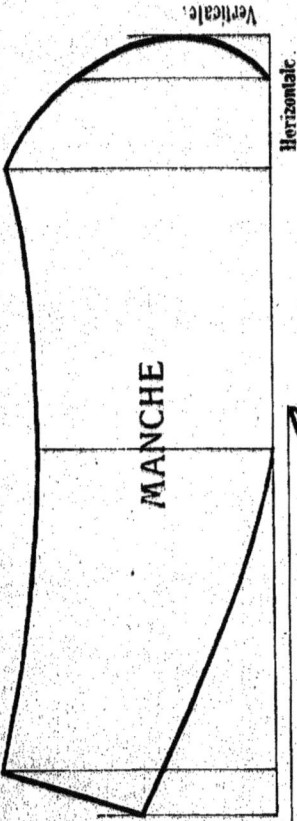

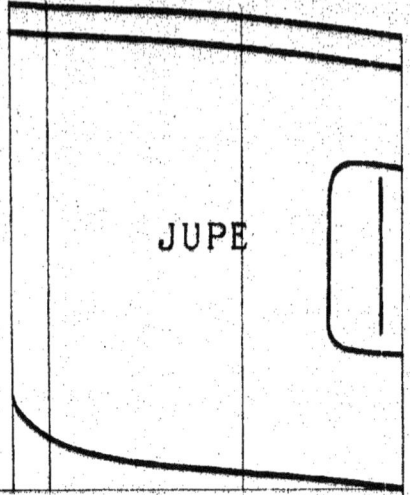

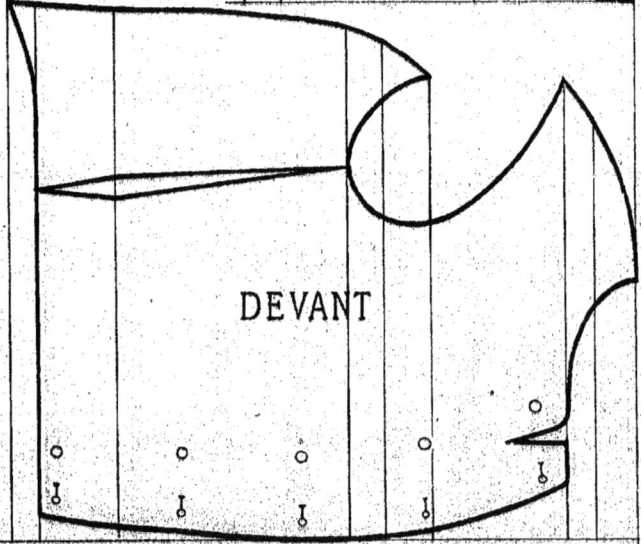

JAQUETTE A TAILLE
comme on les a porté en 1867.

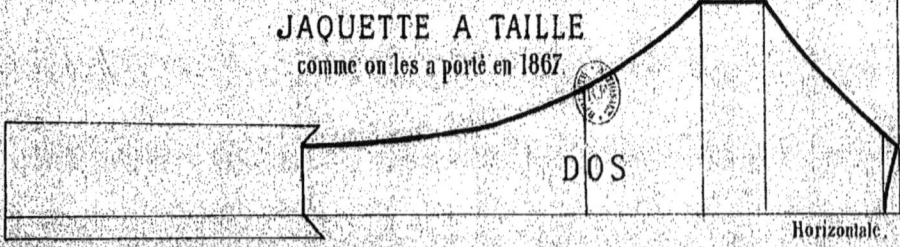

DOS

Verticale.

Horizontale.

JAQUETTE ANGLAISE. Grosseur de poitrine 56, ceinture 51.

	1re ligne.	2e	3e	4e	5e	6e	7e	8e	9e	10e	11e
	Dos										
Horizontale.	0	1	16	19	34	59					
Verticale ..	7	0	21 1/2	21 1/2	11	9					
	Devant										
Horizontale.	0	4	7	10	20	28	53	61	101	103	
Verticale .	26	25	21.46	3. 8. 11	1. 9. 33. 44	40. 53	40.42.56	1.41.56.59	6. 59, 61	10	

JAQUETTE ANGLAISE. Grosseur de poitrine 57, ceinture 57.

	Dos										
Horizontale.	0	1	16	19	33	61					
Verticale ..	8	0	23	23	13	8					
	Devant										
Horizontale.	0	4	7	10	19	20	49	62	97	99	
Verticale . .	26	25	19.47	3. 8. 10	1. 33. 46	39.54	39.41.57	1. 41. 58	12. 61	21	

JAQUETTES A TAILLE.

JAQUETTE A TAILLE D'ENFANT. Grosseur de poitrine 38, ceinture 35.

	Dos								
Horizontale.	0	1	10	14	23	43			
Verticale ..	5	0	17	17	9	6			
	Devant								
Horizontale.	0	3	6	14	21	36	44	45	
Verticale ..	17	16	3. 6. 31	1. 23. 33	27.37	26.27.38	28	38	
	Jupe								
Horizontale.	0	16	31	33					
Verticale . .	39. 41	41. 43	6. 41. 43	10					

NOTA. — Voir la Manche, pages 31 et 32.

JAQUETTE A TAILLE POUR UN JEUNE HOMME. Grosseur de poitrine 41, ceinture 38.

	Dos								
Horizontale.	0	1	12	16	25	46			
Verticale ..	6 1/2	0	18	18	10	6			
	Devant								
Horizontale.	0	4	7	9	18	25	41	49	50
Verticale ..	22	20	5. 9. 10	4. 30	1. 26. 37	31. 42	30. 31. 42	1. 30	42
	Jupe								
Horizontale.	0	16	31	33					
Verticale ..	41.43	43. 45	6	14. 43. 45					

NOTA. — Voir la Manche, pages 30 et suivantes.

JAQUETTE A TAILLE. Grosseur de poitrine 46, ceinture 40.

	1re ligne.	2e	3e	4e	5e	6e	7e	8e	9e	10e	11e
	Dos										
Horizontale.	0	1	13	17	26	47					
Verticale . .	7	0	19	19	11	6					
	Devant										
Horizontale.	0	4	8	18	20	42	52				
Verticale . .	21	19	5. 9. 36	1. 27. 38	31.41	29.31.44	2.43				
	Jupe										
Horizontale.	0	15	34	37							
Verticale . .	41.43	2. 42. 44	1. 43. 45	43. 15							

Nota. — Creuser le bas du devant de 0,01 c.

***

JAQUETTES COMME ON LES A FAITES EN 1867. Grosseur de poitrine 43, ceinture 39.

	Dos										
Horizontale.	0	1	12	17	26	52					
Verticale . .	6 1/2	0	18	18	12	6 1/2					
	Devant										
Horizontale.	0	4	7	19	24	47	53	55			
Verticale . .	20	18	4. 8. 9. 36	26. 36	31. 40	2.30.31.41	3. 30	3. 42			
	Jupe										
Horizontale.	0	15	34	37							
Verticale . .	40.42	2. 42. 44	4. 43. 45	43.45							

Nota. — Ces Vêtements ont des revers renversant bas et sont longs de taille. Pour les autres grosseurs on se servira des Modèles de Redingotes avec les Jupes ci-contre.

JAQUETTE MÊME FORME QUE LA PRÉCÉDENTE. Grosseur de poitrine 47, ceinture 44.

	Dos										
Horizontale.	0	1	14	18	30	54					
Verticale . .	7	0	19	19	11	7					
	Devant										
Horizontale.	0	7	8	17	25	48	54	56			
Verticale . .	19	14. 37	5. 8	26. 38	34. 45	2.34.35.46	3. 34	4. 47			
	Jupe										
Horizontale.	0	15	34	47							
Verticale . .	40.42	2. 42. 44	4. 43. 45	43. 45							

Nota. — On prendra pour Manches ordinaires ou de fantaisie celles qui ont rapport aux grosseurs de ceinture.

JAQUETTE MÊME FORME QUE LES PRÉCÉDENTES. Grosseur de poitrine 49, ceinture 46.

	1re ligne.	2e	3e	4e	5e	6e	7e	8e	9e	10e	11e
	Dos										
Horizontale.	0	1	13	19	30	55					
Verticale . .	7	0	20	20	12	7					
	Devant										
Horizontale.	0	4	8	20	28	48	55	57			
Verticale . .	24	21	5.9.11.41	2.29.41	34.45	1.11.55.57	2.33	47			
	Jupe										
Horizontale.	0	15	34	37							
Verticale . .	40.42	2.42.44	4.43.45	43.45							

JAQUETTE MÊME FORME QUE LES PRÉCÉDENTES. Grosseur de poitrine 53, ceinture 53.

	1re ligne.	2e	3e	4e	5e	6e	7e	8e	9e	10e	11e
	Dos										
Horizontale.	0	1	14	18	53						
Verticale . .	7	0	21	21	7						
	Devant										
Horizontale.	0	4	8	19	28	46	54	56			
Verticale . .	25	23	3.11.41.45	2.32.44	39.50	37.38.52	1.37	1.52			
	Jupe										
Horizontale.	0	15	32								
Verticale . .	50	2.52	6.54								

PARDESSUS.

PARDESSUS POUR UN ENFANT, forme Cochemann fendu (sans couture au dos). Grosseur de poitrine de 38 à 40.

	1re ligne.	2e	3e	4e	5e	6e	7e	8e	9e	10e	11e
Dos											
Horizontale.	0	1	11	15	27	42	64	79	80		
Verticale . .	7	0	17 1/2	17 1/2	15	16	17	19	00		
Devant											
Horizontale.	0	4	9	15	21	31	45	64	81	85	
Verticale . .	17	16.33	6. 8. 28	25. 35	29. 37	38	40	44	47	00	
Manche											
Horizontale.	0	4	11	36	62	65					
Verticale . .	10	17	23	24	11.25	13					

PARDESSUS, forme Cochemann fendu. Grosseur de poitrine prise sur le Gilet 52, ceinture prise aussi sur le Gilet 48.

Dos									
Horizontale.	0	1	15	23	35	51	71	105	107
Verticale . .	7 1/2	0	22	1,22	2.21	3.20	2 1/2. 22	3.25	00
Devant									
Horizontale.	0	6	9	22	27 1/2	49	60	101	106
Verticale . .	23	21. 43	7.10	31. 44	37. 46	37.39.51	39.54	64	00

PARDESSUS, même forme que le précédent. Grosseur de poitrine prise sur le Gilet 55, ceinture 54.

Dos									
Horizontale.	0	1	15 1/2	24	37	58	77	110	112
Verticale . .	7 1/2	0	23	1.23	24	2.23	3.25	29	00
Devant									
Horizontale.	0	5	10	23	28	49	61	105	110
Verticale . .	23	21. 44	7.10	32. 46	37. 49	39.41.56	41. 57	70	00

MANCHE ÉCONOMIQUE avec laquelle on gagne 0,60 c. sur 14 mètres.

Dessus bras.								
Horizontale.	0	2	7	17	23	40	58	68
Verticale . .	20	11. 27	32	1.36	1. 43	3. 34	5. 27	6. 25
Dessous bras.								
Horizontale.	0	3	6 1/2	17	23	28	42	56
Verticale . .	17	14. 20	11 1/2. 24	4.22	1. 21	20	20	1.19

NOTA. — Cette Manche peut servir non-seulement pour ces deux Pardessus, mais encore pour tous ceux de même taille.

MANCHE

Tendre

DEVANT

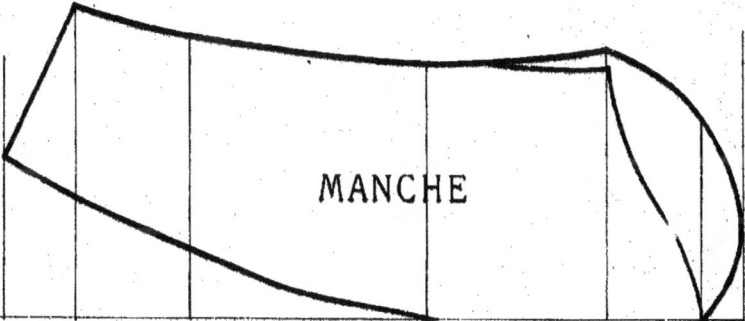

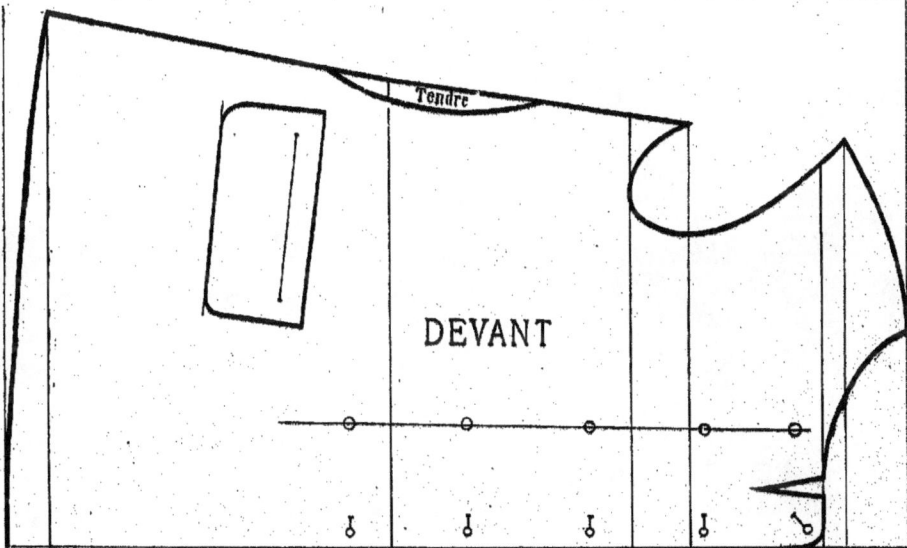

PARDESSUS DROIT

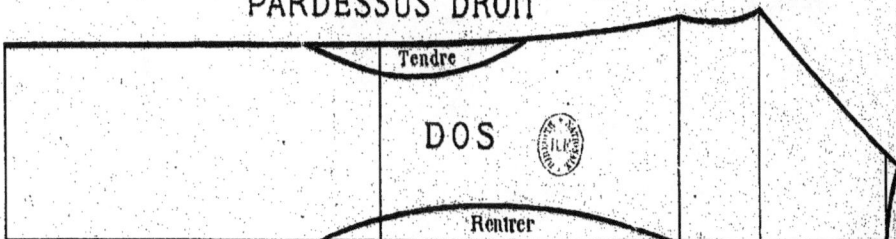

Tendre

DOS

Rentrer

Verticale.

Horizontale.

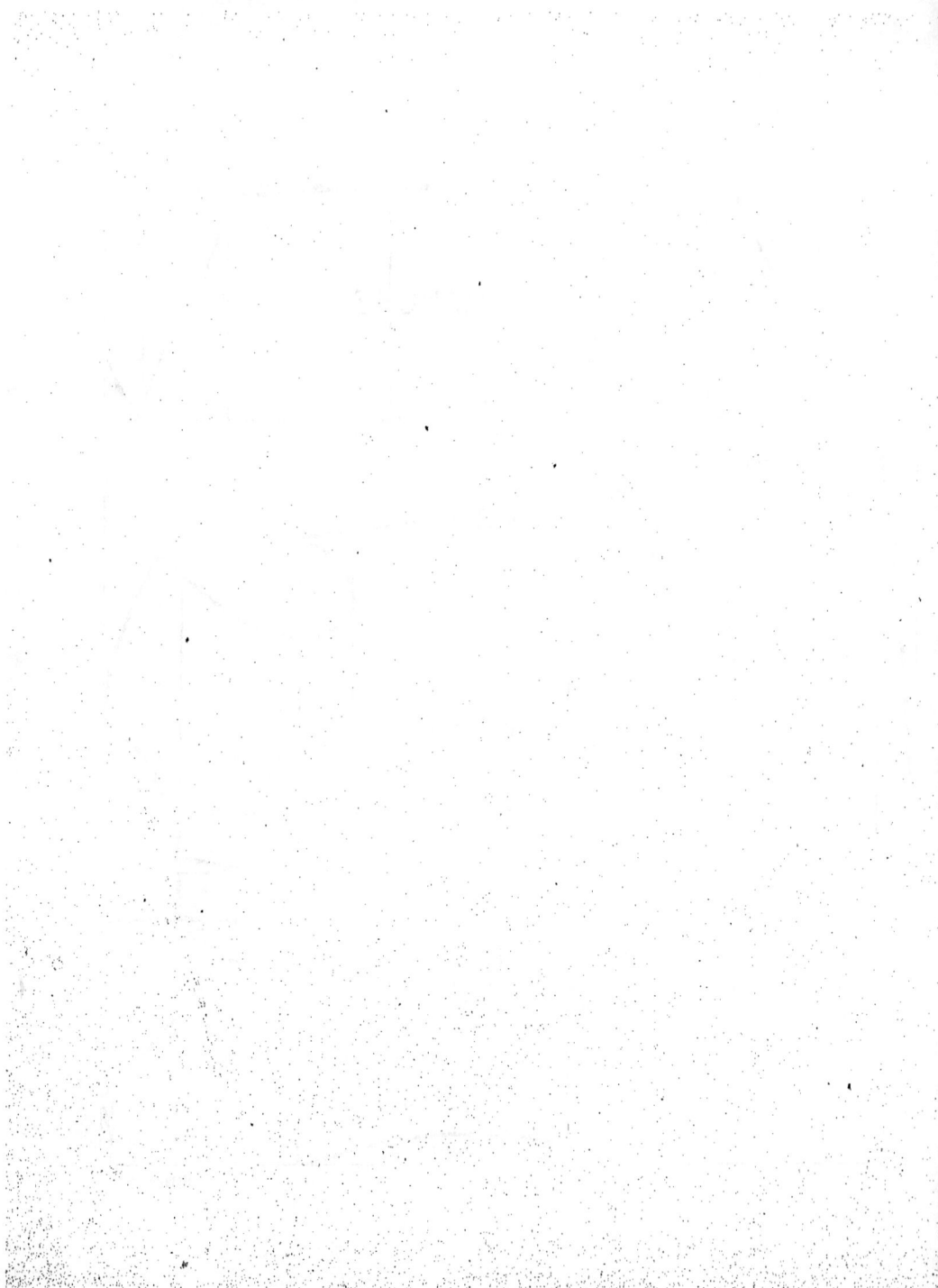

PARDESSUS, forme Cochemann étendu pour un homme de première taille et de première grosseur. Grosseur de poitrine prise sur le Gilet 63, ceinture 65.

	1ʳᵉ ligne.	2ᵉ	3ᵉ	4ᵉ	5ᵉ	6ᵉ	7ᵉ	8ᵉ	9ᵉ	10ᵉ	11ᵉ
	Dos										
Horizontale.	0	2	14 1/2	25	40	61	85	121	123		
Verticale . .	8	0	25	25	24	25	28	32	00		
	Devant										
Horizontale.	0	6	15	22	31	50	86	116	130		
Verticale . .	26	24. 47	1. 10. 12. 41	1. 37. 53	1. 44. 56	59	66	72	00		
	Manche										
Horizontale.	0	4	15	36	67	72					
Verticale . .	15	22	30	28	31	12					

PARDESSUS, forme Sac. Grosseur de poitrine prise sur le Gilet 41, ceinture 40.

	Dos								
Horizontale.	0	1	10	19	35	56	97	99	
Verticale . .	7	0	21	21	18	18	19	00	
	Devant								
Horizontale.	0	3	8	20	24	41	59	95	99
Verticale . .	19	18. 28	1. 5. 7. 35	26. 37	30. 39	45	48	54	00
	Manche								
Horizontale.	0	4	12	37	62	66			
Verticale . .	10	19	25	25	10. 29	12			

PARDESSUS, forme Sac demi-ajusté. Grosseur de poitrine prise sur le Gilet 48, ceinture 41.

	Dos								
Horizontale.	0	1	14	23	45	69	100		
Verticale . .	7	0	20	21	19	20	22		
	Devant								
Horizontale.	0	4	8	11	20	28	51	95	104
Verticale . .	21	19	15. 38	2. 6. 8.	1. 28. 39	32. 41	46	58	00
	Manche								
Horizontale.	0	4	12	37	62	66			
Verticale . .	10	19	25	25	10. 29	12			

PARDESSUS DROITS AJUSTÉS LÉGÈREMENT. Grosseur de poitrine 47, ceinture 42 ou 41.

	Dos							
Horizontale.	0	1	14	21	48	96	
Verticale . .	7	0	20 1/2	20 1/2	18	19	
	Devant							
Horizontale.	0	6	8	21	26	48	94	110
Verticale . .	20	14. 37	5. 9	1. 27. 38	30. 39	42	52	00
	Manche							
Horizontale.	0	4		37	64	67	
Verticale . .	10			23	12. 26	13	

NOTA. -- La mesure est prise sur le Gilet, les grosseurs sont déterminées pour mettre un Vêtement dessous.

PARDESSUS DROIT, AJUSTÉ LÉGÈREMENT. Grosseur de poitrine 49, ceinture 46.

	1re ligne.	2e	3e	4e	5e	6e	7e	8e	9e	10e	11e
Dos											
Horizontale.	0	1	12	22	48	98					
Verticale . .	7	0	20	21	19	21					
Devant											
Horizontale.	0	5 1/2	9	21	27	48	94	101			
Verticale . .	20	16. 37	3. 7	27. 40	31. 41	44	56	00			
Manche											
Horizontale.	0	4	12	34	65	69					
Verticale . .	10	19	25	23	11. 26	43					

PARDESSUS, même forme que le précédent. Grosseur de poitrine 53, ceinture 53.

	1re ligne.	2e	3e	4e	5e	6e	7e	8e	9e	10e	11e
Dos											
Horizontale.	0	1	12	24	48	100					
Verticale . .	7	0	21	22	19	22					
Devant											
Horizontale.	0	6 1/2	9	22	28	48	96	104			
Verticale . .	21	15. 39	4. 8	28. 42	33. 43	47	58	00			
Manche											
Horizontale.	0	5	15	38	65	67					
Verticale . .	13	23	28	26	9. 29	10.					

PARDESSUS, même forme que les précédents. Grosseur de poitrine 56, ceinture 56.

	1re ligne.	2e	3e	4e	5e	6e	7e	8e	9e	10e	11e
Dos											
Horizontale.	0	1	13	24	48	104					
Verticale . .	8	0	22	23	20	22					
Devant											
Horizontale.	0	6	10	22	29	48	102	110			
Verticale . .	22	17. 40	4. 8	29. 44	34. 45	39	60	00			
Manche											
Horizontale.	0	4	12	34	65	69					
Verticale . .	10	19	25	24	11. 26	13					

PARDESSUS POUR HOMMES GROS AYANT LES ÉPAULES TRÈS-FORTES. Grosseur de poitrine 58, ceinture 60.

	1re ligne.	2e	3e	4e	5e	6e	7e	8e	9e	10e	11e
Dos											
Horizontale.	0	1	12	23	46	100					
Verticale . .	7	0	24	25	23	25					
Devant											
Horizontale.	0	6	11	22	28	49	96	106			
Verticale . .	19	17. 40	6. 36	30. 44	34	50	62	00			
Manche											
Horizontale.	0	5	15	38	65	67					
Verticale . .	13	23	28	26	9. 29	10					

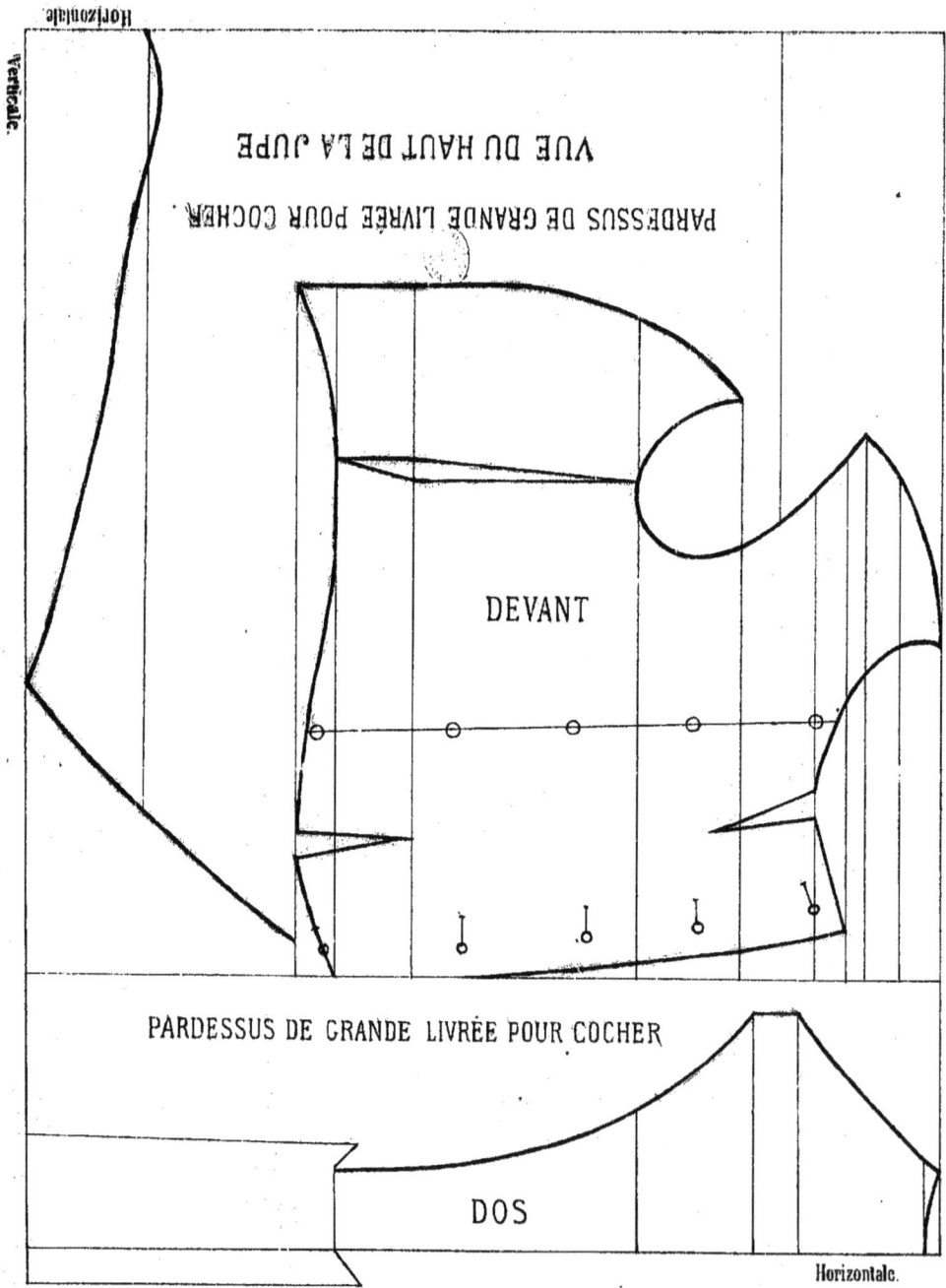

VUE DU HAUT DE LA JUPE

PARDESSUS DE GRANDE LIVRÉE POUR COCHER

DEVANT

PARDESSUS DE GRANDE LIVRÉE POUR COCHER

DOS

Horizontale.

Verticale.

Horizontale.

Verticale.

PARDESSUS CROISÉ, forme Sac. Grosseur de poitrine prise sur le Gilet 56, ceinture 56.

	1re ligne.	2e	3e	4e	5e	6e	7e	8e	9e	10e	11e
Dos											
Horizontale.	0	1	14	24	45	72	107				
Verticale . .	8	0	23	24	22	28	24				
Devant											
Horizontale.	0	6	12	28	?	55	107	115			
Verticale . .	24	22.43	1.9.11.39	34. 47	39	63	65	00			
Manche											
Horizontale.	0	4	12	34	65	69					
Verticale . .	10	19	25	24	11. 26	13					

NOTA. — Si on voulait le faire droit on supprimerait 0,04 c. sur le devant.

PARDESSUS AVEC MANCHES LARGES DU BAS. La couture de la Manche se monte juste avec celle du Vêtement. On peut faire la forme de la Manche ordinaire en faisant un fort suçon. Ce Vêtement peut aller aux tailles de 48, 50 et 52 de grosseur de poitrine.

Dos									
Horizontale.	0	3	7	18	26	32	67	104	108
Verticale . .	9 1/2	14	22	23	25	32	36	43	00
Devant									
Horizontale.	0	5 1/2	8	13	24	28	59	101	108
Verticale . .	21	35	4. 12. 14	3. 12. 32	1.33	1.43	47	54	00
Manche									
Horizontale.	0	7	14	18	22	40	57	68	72
Verticale . .	27	16.38	9.42	46	52	37.56	31.41.59	26.46.61	22.49.62

PARDESSUS DE GRANDE LIVRÉE POUR COCHER. Grosseur de poitrine de 49 à 51.

Dos								
Horizontale.	0	1	14	17	28	53		
Verticale . .	7	0	21	21	12	8		
Devant								
Horizontale.	0	5	10	18	27	45	53	56
Verticale . .	28	27.47	4.15.18.42	3. 36. 49	3. 44. 50	1.45.48.59	44	9. 11. 58
Manche								
Horizontale.	0	3	12	37	64	68		
Verticale . .	11	17	27	26	10. 29	12		
Jupe								
Horizontale.	0	13	42	74	90			
Verticale . .	60	70	90	102	00			

NOTA. — Il faut abattre le bas du devant d'un centimètre au-dessus de la ligne 53 et creuser la Jupe d'autant, pour que les boutons de la taille soient placés sur les coutures.

9

PARDESSUS DE GRANDE LIVRÉE POUR COCHER PLUS GRAND QUE LE PRÉCÉDENT. Grosseur de poitrine 53 à 55. Cette taille peut aller à tous les hommes ordinaires.

	1re ligne.	2e	3e	4e	5e	6e	7e	8e	9e	10e	11e
Dos											
Horizontale.	0	1	13	17	28	55					
Verticale . .	7	0	22	22	13	8					
Devant											
Horizontale.	0	4	7	9	12	19	28	48	55	58	
Verticale . .	31	30	28.49	5	15.18	3. 38. 52	2. 46. 58	45.46.47.61	46	11. 13. 61	
Jupe											
Horizontale.	0	13	42	74	90						
Verticale . .	62	72	91	103	00						
Manche											
Horizontale.	0	3	12	37	64	68					
Verticale . .	11	17	27	26	10. 20	12					

MODÈLE D'UNE PÉLERINE POUR ÊTRE ADAPTÉE A UN PARDESSUS à l'aide d'agrafes ou boutons. L'encolure se forme du chiffre 8 à 62 et le haut du derrière est à 8.

Horizontale.	0	20	42	52	62	114	138
Verticale . .	76	42	8	11. 90	00	63	00

CLOCHES AMPLES DITES PELISSES.

CLOCHE AMPLE DITE PELISSE POUR HOMME (première taille). Grosseur de ceinture 60.

	1re ligne.	2e	3e	4e	5e	6e	7e	8e	9e	10e	11e
	Dos										
Horizontale.	0	2	10	17	22	62	94	107			
Verticale . .	8	0	25	27	34	50	62	00			
	Devant										
Horizontale.	0	4	8	11	23	26	27	71	104	117	
Verticale . .	23	23,48	20	7,10,37	34	37,45	41,45	57	66	00	

NOTA. — On prendra pour Manche ordinaire celle du 60 de ceinture. Voyez Manches page 30.

MANCHE DE FANTAISIE SANS COUTURES au coude ni à l'avant-bras.

Horizontale.	0	5	16	34	36	48	58	63	73
Verticale . .	58	21,23,46,56	14,52	1 1/2, 45	47	9,59	17,69	22,50	33

CLOCHE AMPLE DITE PELISSE POUR HOMME (deuxième taille). Grosseur de poitrine 56, ceinture 54.

	Dos									
Horizontale.	0	2	10	16	21	56	91	100		
Verticale . .	7	0	24	25	34	45	57	00		
	Devant									
Horizontale.	0	5	10	17	22	25	57	97	106	
Verticale . .	18	17,38	5,7,37	6,31	31	39	49	60	00	
	Manche									
Horizontale.	0	4	13	34	63	68				
Verticale . .	42	20	27	25	12,30	14				

CLOCHE AMPLE DITE PELISSE POUR HOMME (troisième taille). Grosseur de poitrine 49, ceinture 48.

	Dos									
Horizontale.	0	2	10	15	19	21	53	93	100	
Verticale . .	7	0	23	24	27	31	42	55	00	
	Devant									
Horizontale.	0	4	7	10	17	24	25	61	96	103
Verticale . .	17	16	12,35	5,7,32	27	29,36	32,36	47	57	00
	Manche									
Horizontale.	0	4	13	37	62	67				
Verticale . .	12	20	25	24	9,28	12				

CLOCHE AMPLE DITE PELISSE POUR HOMME (quatrième taille). Grosseur de poitrine 46, ceinture 40.

	1re ligne.	2e	3e	4e	5e	6e	7e	8e	9e	10e	11e
Dos											
Horizontale.	0	1 1/2	9	15	20	56	93	102			
Verticale . .	7	0	22	23	39	41	52	00			
Devant											
Horizontale.	0	5	10	17	21	23	57	95	103		
Verticale . .	15	14.31	4.6.28	7.25	26.34	30.35	46	58	00		
Manche											
Horizontale.	0	3	12	35	61	66					
Verticale . .	8	18	24	23	11.28	13					

PELISSES D'ENFANTS FORME SAC ANGLAIS.

PELISSE D'ENFANT FORME SAC ANGLAIS une des plus petites tailles. Grosseur de poitrine 30, ceinture 30.

Dos							
Horizontale.	0	1 1/2	8	18	55	57	
Verticale . .	7 1/2	0	15	19	23	00	
Devant							
Horizontale.	0	3	6	15	18	55	57
Verticale . .	12 1/2	11	4.5.23	18	24	29	00

PELISSE D'ENFANT, MÊME FORME. Grosseur de poitrine 32, ceinture 30.

Dos							
Horizontale.	0	1	10	18	63	65	
Verticale . .	6	0	16	20	25	00	
Devant							
Horizontale.	0	3	6	15	20	65	67
Verticale . .	15	14	4.6.28	20	26	32	00

PELISSE D'ENFANT, MÊME FORME. Grosseur de poitrine 34, ceinture 32.

Dos							
Horizontale.	0	1	10	19	67	68	
Verticale . .	6	0	17	21	27	00	
Devant							
Horizontale.	0	3	6	7	16	20	70	72
Verticale . .	15	14	29	5.7.27	21	27	34	00

NOTA. — Voir aux Manches d'enfant, page 31.

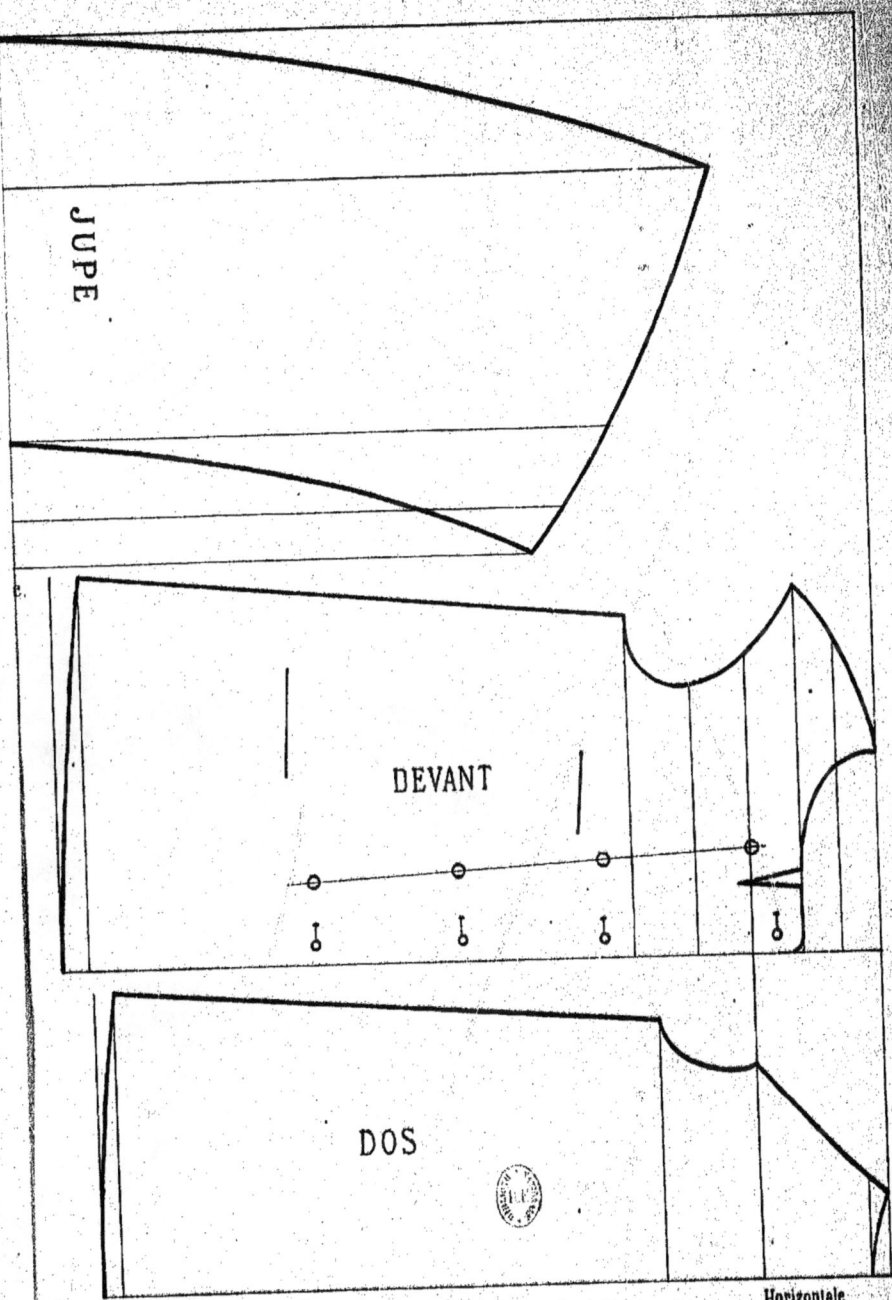

JUPE

DEVANT

DOS

Horizontale.

Verticale.

PELISSE D'ENFANT, FORME SAC ANGLAIS. Grosseur de poitrine 38, ceinture 38.

	1re ligne.	2e	3e	4e	5e	6e	7e	8e	9e	10e	11e
Dos											
Horizontale.	0	1	11	17	20	71	72				
Verticale . .	6	0	17	17	22	28	00				
Devant											
Horizontale.	0	3	7	17	21	72	74				
Verticale . .	17	15	4. 6. 30	21	28	35	00				

PELISSE POUR JEUNES GENS, FORME SAC ANGLAIS DROIT. Grosseur de poitrine 42, ceinture 40.

Dos											
Horizontale.	0	1	7	10	16	20	22 $\frac{1}{2}$	48	79	81	
Verticale . .	6	0	13	18	18	20	24	27	32	00	
Devant											
Horizontale.	0	4	8	15	20	22	46	79	81		
Verticale . .	16	14. 24 $\frac{1}{2}$	1. 4. 5. 29	21	21	27	30	34	00		

PELISSE POUR JEUNES GENS AGÉS DE 17 ANS, MÊME FORME QUE LA PRÉCÉDENTE. Grosseur de poitrine 44, ceinture 42.

Dos											
Horizontale.	0	1	7	11	16	20	23	49	82	84	
Verticale . .	6	0	13	18	18	20	25	27	31	00	
Devant											
Horizontale.	0	4	8	17	21	23	45	82	84		
Verticale . .	16	15. 25	1. 5. 6. 30	22	23	29	32	38	00		

PALETOTS SACS.

PALETOT SAC, PETITE AMPLEUR, à une rangée de boutons. Grosseur de poitrine 44, ceinture 40.

	1re ligne.	2e	3e	4e	5e	6e	7e	8e	9e	10e	11e
Dos											
Horizontale.	0	1	11	17	22	48	85	86			
Verticale ..	6	0	18	18	24	24	28	00			
Devant											
Horizontale.	0	3	6	9	18	23	50	85	86		
Verticale ..	17 ½	16	12. 33	4. 6	24	31	33	37	90		

PALETOT SAC, PETITE AMPLEUR, même forme que le précédent. Grosseur de poitrine 46, ceinture 44.

Dos											
Horizontale.	0	1 ½	12	18	23	49	85				
Verticale ..	7	0	20	21	26	27	31				
Devant											
Horizontale.	0	4	8	19	24	54	86				
Verticale ..	16	15. 34	4. 6. 30	25	33	36	41				

PALETOT SAC, PETITE AMPLEUR, même forme que le précédent. Grosseur de poitrine 50, ceinture 46.

Dos											
Horizontale.	0	1 ½	12	19	24	49	87	88			
Verticale ..	7	0	21	21	27	28	31	00			
Devant											
Horizontale.	0	4	10	21	25	53	87				
Verticale ..	18	17. 35	4. 6. 30	26	35	37	43				

PALETOT SAC, PETITE AMPLEUR, même forme que le précédent. Grosseur de poitrine 52, ceinture 48.

Dos											
Horizontale.	0	2	13	20	25	52	89	90			
Verticale ..	7	0	21	22	28	28	32	00			
Devant											
Horizontale.	0	4	7	11	21	26 .	27	52	88	89	
Verticale ..	17	16. 30	12. 34	4. 6. 30	26	35	29	38	46	00	

NOTA. — On prendra les Manches qui conviennent aux tailles, celles des Dorsays sont bonnes, voir page 30.

PALETOT SAC, PETITE AMPLEUR, avec une rangée de boutons. Grosseur de poitrine 51, ceinture 50.

	1re ligne.	2e	3e	4e	5e	6e	7e	8e	9e	10e	11e
	Dos										
Horizontale.	0	2	12	19	26	48	88	89			
Verticale . .	7	0	22	22	28	28	32	00			
	Devant										
Horizontale.	0	3	7	10	19	26	28	54	88	89	
Verticale . .	18	17. 31	18. 35	5. 7. 32	26	27. 37	30	40	47	00	

PALETOT SAC, même forme que le précédent. Grosseur de poitrine 58, ceinture 58.

	Dos								
Horizontale.	0	2	12	21	27	56	92	93	
Verticale . .	7 ½	0	22	23	29	30	32	00	
	Devant								
Horizontale.	0	4	8	10	24	29	60	95	97
Verticale . .	22	21	15. 39	2. 6. 7	30	41	42	46	00

PALETOT SAC, même forme que le précédent. Grosseur de poitrine 60, ceinture 60.

	Dos							
Horizontale.	0	1	11	18	27	55	91	
Verticale . .	8	0	23	22 ½	29	30	32	
	Devant							
Horizontale.	0	7	11	23	30	58	92	94
Verticale . .	22	18. 41	2. 5. 6	31	42	45	50	00

PALETOT SAC POUR UN HOMME TRÈS-GROS, même forme que le précédent. Grosseur de poitrine 68, ceinture 68.

	Dos									
Horizontale.	0	2	13	20	29	57	92	94		
Verticale . .	8	0	24	25	31	32	35	00		
	Devant									
Horizontale.	0	7	10	12	23	20	39	53	92	94
Verticale . .	22	19. 42	14	6. 8. 37	32	34. 46	37	40	55	00

MANCHE POUR CE PALETOT SAC, dont la grosseur n'est pas ordinaire. On pourra s'en servir pour les mêmes tailles.

Horizontale.	0	4	14	36	67	70
Verticale . .	13	22	30	28	9. 28	10. 28

SACS ANGLAIS.

SAC ANGLAIS INVENTÉ EN 1842. C'est un vêtement ample, tombant droit, à deux rangées de boutons. Grosseur de poitrine 40, ceinture 36.

	1re ligne.	2e	3e	4e	5e	6e	7e	8e	9e	10e	11e
Dos											
Horizontale.	0	1	9	16	19	72	74				
Verticale . .	7	0	17	17	22	26	00				
Devant											
Horizontale.	0	3	6	8	18	21	74	76			
Verticale . .	21	20	16. 34	8. 10. 31	36	33	36	00			

SAC ANGLAIS, même forme que le précédent. Grosseur de poitrine 44, ceinture 40.

Dos											
Horizontale.	0	1	10	15	20	78	80				
Verticale . .	7	0	20	20	27	31	00				
Devant											
Horizontale.	0	5	9	18	23	81	84				
Verticale . .	23	20. 39	8. 10. 35	29	37	40	00				

SAC ANGLAIS, même forme que les précédents. Grosseur de poitrine 48, ceinture 44.

Dos											
Horizontale.	0	1	12	21	23	84	86				
Verticale . .	7	0	21	22	27	30	00				
Devant											
Horizontale.	0	3	7	10	20	24	85	87			
Verticale . .	23	22	17. 40	7. 9. 35	30	39	46	00			

SAC ANGLAIS, même forme que les précédents. Grosseur de poitrine 52, ceinture 48.

Dos											
Horizontale.	0	1	12	18	24	83	85				
Verticale . .	8	0	22	22	28	33	00				
Devant											
Horizontale.	0	6	9	19	27	85	87				
Verticale . .	24	21. 44	8. 10. 39	33	41	46	00				

NOTA. — On prendra les Manches des Cochemanns qui auront rapport à la grosseur.

SAC ANGLAIS INVENTÉ EN 1849, même forme que les précédents. Grosseur de poitrine 56, ceinture 52.

	1re ligne.	2e	3e	4e	5e	6e	7e	8e	9e	10e	11e
	Dos										
Horizontale.	0	2	13	19	24	87	89				
Verticale . .	8	0	23	24	31	38	00				
	Devant										
Horizontale.	0	5	7	10	25	28	93	95			
Verticale . .	26	25	23.45	9.11.41	34	44	52	00			

NOTA. — On prendra pour Manches celles des Cochemanns qui auront rapport à la grosseur.

SAC ANGLAIS, même forme que les précédents. Grosseur de poitrine 60, ceinture 60.

	Dos										
Horizontale.	0	1	13	19	25	68	101	103			
Verticale . .	9	0	24	24	30	36	39	00			
	Devant										
Horizontale.	0	5	7	10	22	30	68	107	110		
Verticale . .	28	27	23.48	4.11.14	2.37	1.47	51	54	00		

10

MAC-FARLANNES.

MAC-FARLANNE, première taille. Ce Vêtement est un Pardessus avec Pèlerine simulant la Manche. L'encolure doit avoir 51 de longueur.

	1re ligne.	2e	3e	4e	5e	6e	7e	8e	9e	10e	11e
Dos											
Horizontale.	0	7	15	24	29	37	55	80	86	112	
Verticale . .	10	19	28	36	41	46	56	62	75	00	
Devant											
Horizontale.	0	5	9	19	25	29	33	52	85	104	114
Verticale . .	23	19.32	6.8.10.38	30	30.51	31.48	40.55	60	67	73	00
Pèlerine											
Horizontale.	0	1	5	8	11	13	14	46	53	85	
Verticale . .	11 ½	11 ½.38	12.85	10.74	8	4	1.96	78	58	00	

NOTA. — Le Colet de ce Vêtement se coupe droit du pied, il est arrondi sur les bouts.

MAC-FARLANNE, deuxième taille. L'Encolure doit avoir 52 de longueur.

Dos											
Horizontale.	0	9	17	26	30	58	82	109	120		
Verticale . .	9	18	25	31	38	45	54	64	00		
Devant											
Horizontale.	0	4	8	14	21	29	60	86	110	122	
Verticale . .	22	19.32	3.8.10.37	8.31	29.47	37.51	58	65	72	00	
Pèlerine											
Horizontale.	0	4	8	12	14	20	36	63	78	87	
Verticale . .	13	12.30	11.44	4.5	1	72	95	67	42	00	

MAC-FARLANNE, troisième taille. Elle convient aux hommes grands et maigres. Grosseur de poitrine 44 ou 46. Col 25 de longueur.

Dos											
Horizontale.	0	9	17	26	30	58	82	100	120		
Verticale . .	8	17	24	29	35	42	50	59	00		
Devant											
Horizontale.	0	4	8	14	21	29	60	86	110	122	
Verticale . .	22	19.32	5.8.10.37	8.31	29.47	37.51	58	65	72	00	
Pèlerine											
Horizontale.	0	4	8	12	14	20	36	63	78	87	
Verticale . .	13	12.30	11.44	4.5	1	72	95	67	42	00	

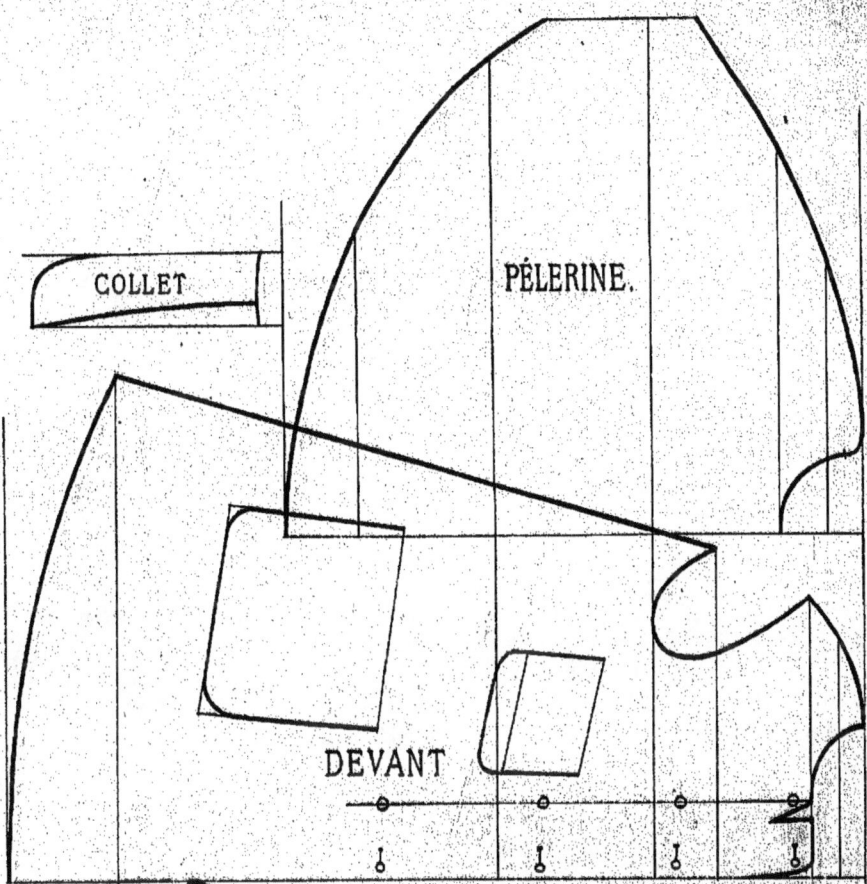

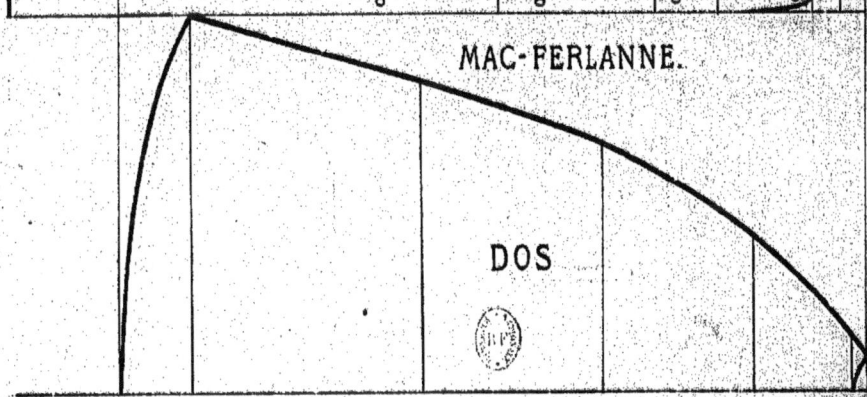

COLLET

PÉLERINE.

DEVANT

MAC-FERLANNE.

DOS

Verticale.

Horizontale.

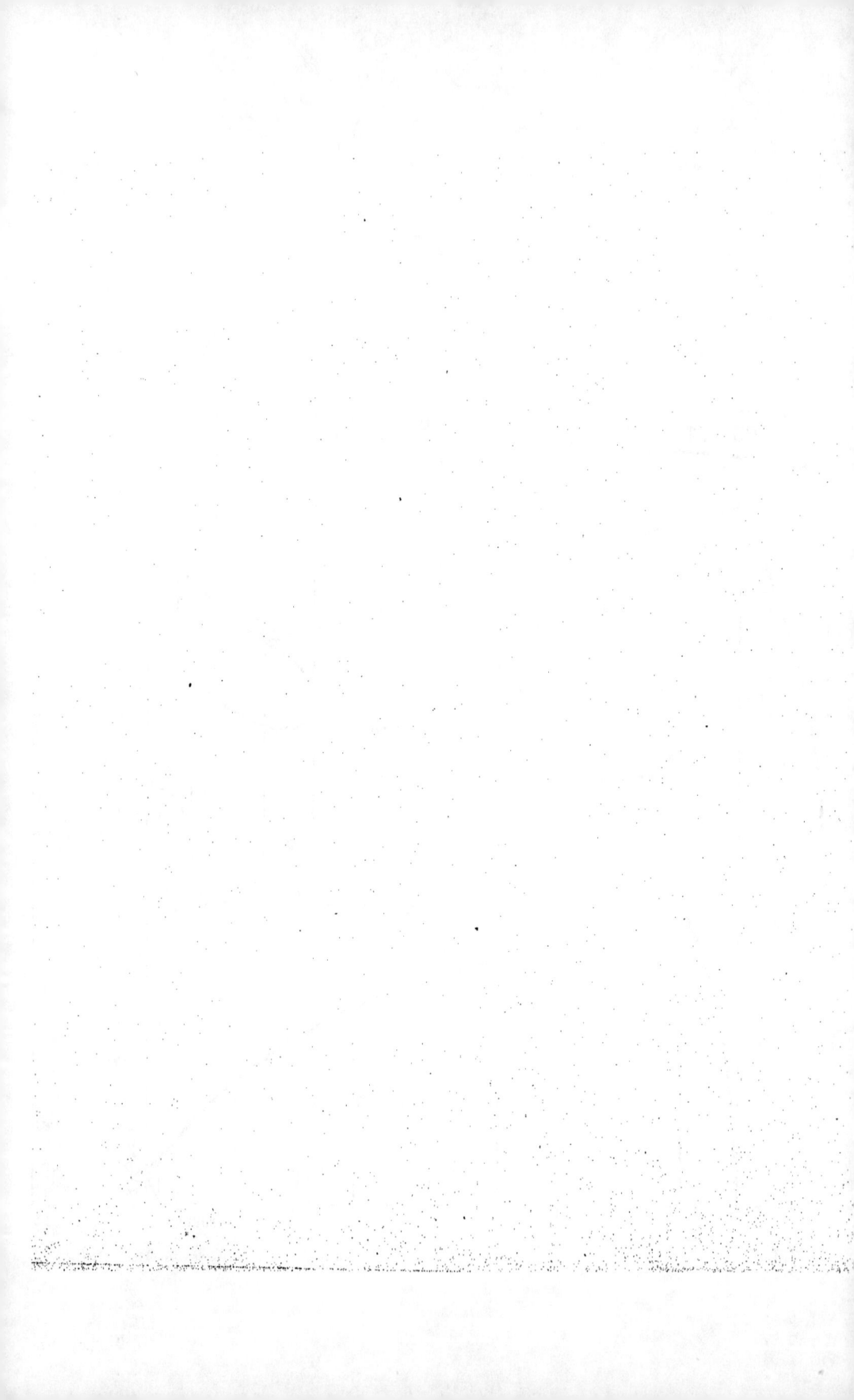

MAC-FARLANNE, quatrième taille. Un peu moins grand que le précédent. La coupe n'est pas la même que pour les autres.

	1re ligne.	2e	3e	4e	5e	6e	7e	8e	9e	10e	11e
	Dos										
Horizontale.	0	1	14	29	110	116					
Verticale . .	7	0	21	29	52	00					
	Devant										
Horizontale.	0	2	6	27	62	108	118				
Verticale . .	20	24	2, 7, 9, 21	38	48	64	00				
	Pèlerine										
Horizontale.	0	7	15	29	49	79					
Verticale . .	15	2.60	00	87	71	00					

NOTA. — On peut à ces Vêtements ajouter un Capuchon, on le trouvera plus loin (voir aux Cabans, page 79).

MAC-FARLANNE D'ENFANT DE 10 A 12 ANS. Arrondir le haut du devant de la Pèlerine de 0m.01 c. pour former le cran.

	Dos										
Horizontale.	0	1	12	26	47	71	78				
Verticale . .	6	0	16	24	32	41	00				
	Devant										
Horizontale.	0	3	6	15 1/2	21	39	77	88			
Verticale . .	16	15, 21	1,4,6,9,38	21 1/2, 34	39, 36	41	52	00			
	Pèlerine										
Horizontale.	0	4	9	20	40	51	69				
Verticale . .	9	8 1/2, 25	8, 00	07	51	33	00				

MAC-FARLANSE D'ENFANT DE 12 A 16 ANS.

	Dos										
Horizontale.	0	1	14	30	54	85	91				
Verticale . .	6 1/2	0	19	28	37	49	00				
	Devant										
Horizontale.	0	3	7	17	24	49	94	101			
Verticale . .	19	10, 20	5, 6, 8, 41	24, 37	60, 40	47	57	00			
	Pèlerine										
Horizontale.	0	3	6	9	17	27	60	64	68		
Verticale . .	10	9 1/2, 25	8 1/2, 36	3, 43	00	71	60	8	00		

NOTA. — La longueur des Colets pour ces deux Vêtements ne doit pas excéder 22 ou 23 centimètres.

LORD RAGLANDS.

LORD RAGLAND POUR HOMME, ampleur ordinaire. Première taille.

	1re ligne.	2e	3e	4e	5e	6e	7e	8e	9e	10e	11e
Dos											
Horizontale.	0	2	9	15	20	28	101	108			
Verticale.	10	13	19	23	26	40	62	00			
Devant											
Horizontale.	0	4	8	11	15	20	25	29	58	105	110
Verticale.	28	21. 27	15. 29	7. 9. 30	31	33	35	45	46	50	00
Manche											
Horizontale.	0	9	14	20	27	30	46	78			
Verticale.	19	18. 29	17. 23	14. 27	10. 41	3. 49	2. 52	57			

LORD RAGLAND POUR HOMME, ampleur ordinaire. Deuxième taille.

Dos											
Horizontale.	0	3	6	12	15	18	21	24	90	95	
Verticale.	9	0	15	20	23	25	26	32	45	00	
Devant											
Horizontale.	0	3	6	9	12	15	18	21	24	93	98
Verticale.	20	19. 23	15. 26	1. 6. 8. 27	28	29	31	32	40	47	00
Manche											
Horizontale.	0	6	9	12	15	18	21	24	28	47	74
Verticale.	18	16. 24	15. 26	14. 29	13. 31	11. 33	9. 35	7 1/2. 37	44	48	53

LORD RAGLAND POUR HOMME. Troisième taille.

Dos											
Horizontale.	0	2	6	10	14	18	21	25	53	91	94
Verticale.	8	0	14	17	19	22	23	30	37	45	00
Devant											
Horizontale.	0	4	7	9	12	17	21	25	57	91	94
Verticale.	22	20. 25	15. 27	2. 7. 9	2. 29	1 1/2. 31	1. 32	1. 39	43	48	00
Manche											
Horizontale.	0	6	9	12	15	18	21	24	28	47	74
Verticale.	18	16. 24	15. 26	14. 29	13. 31	11. 33	9. 35	7 1/2. 37	44	48	53

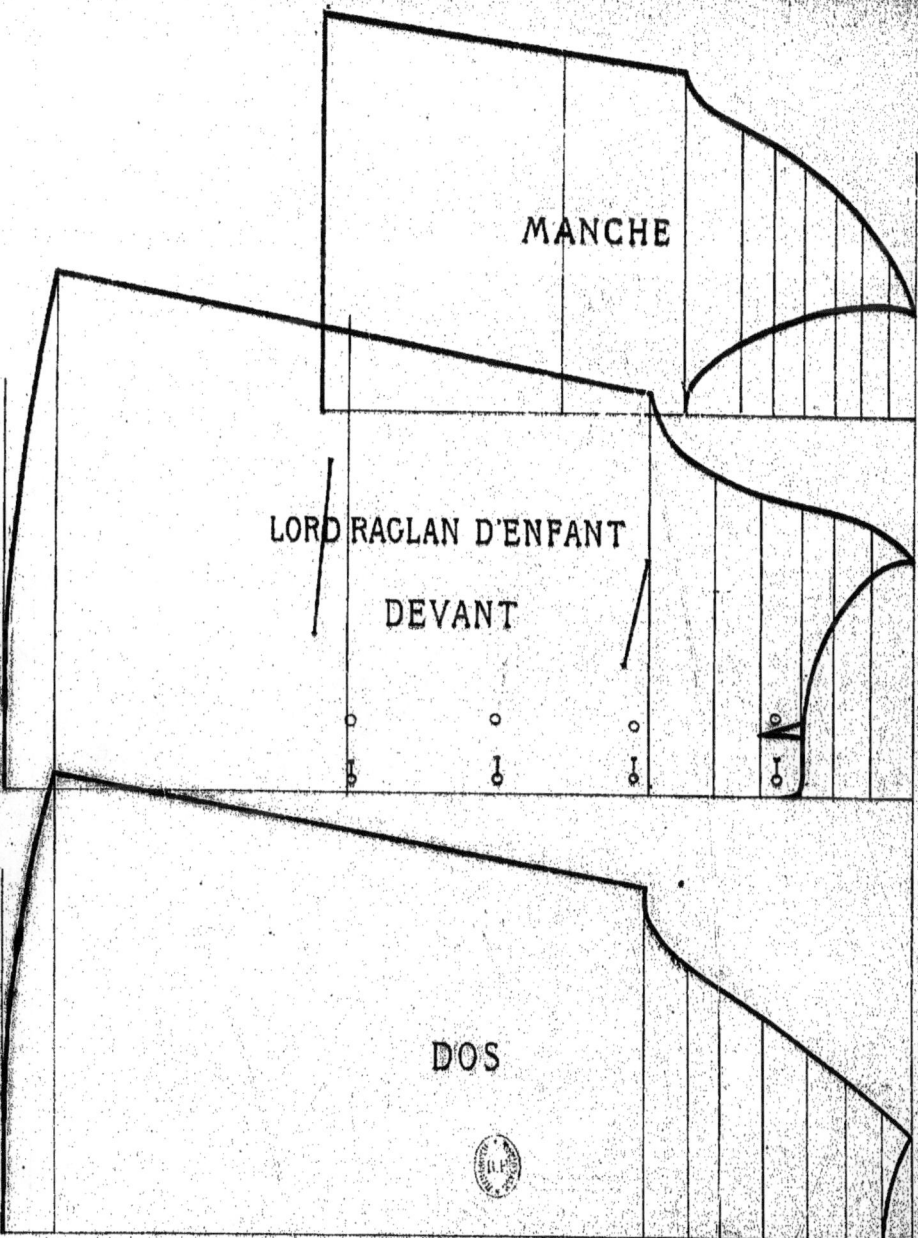

MANCHE

LORD RACLAN D'ENFANT

DEVANT

DOS

Horizontale

Verticale

LORD RAGLAND POUR ENFANT. Grosseur de poitrine 32, ceinture 32.

	1re ligne.	2e	3e	4e	5e	6e	7e	8e	9e	10e	11e
Dos											
Horizontale.	0	1 1/2	7	18	40	70	72				
Verticale ..	7	0	13	23	28	34	00				
Devant											
Horizontale.	0	3	5	11	15	17	35	70	72		
Verticale ..	16	14.19	6. 7. 20	22	23	29	33	41	00		
Manche											
Horizontale.	0	3	9	15	20	32	54				
Verticale ..	11	11.16	10.21	7.25	32	34	38				

LORD RAGLAND POUR ENFANT. Grosseur de poitrine 38, ceinture 36.

	1re ligne.	2e	3e	4e	5e	6e	7e	8e	9e	10e	11e
Dos											
Horizontale.	0	2	8	15	21	44	76	80			
Verticale ..	8	0	15	19	28	32	38	00			
Devant											
Horizontale.	0	3	6	8	12	21	46	75	80		
Verticale ..	18	17.21	11. 22	4. 5. 23	25	33	37	42	00		
Manche											
Horizontale.	0	3	6	9	12	18	23	39	63		
Verticale ..	13	13.17	12. 20	11 1/2. 22	11.25	7.90	37	38	40		

LORD RAGLAND D'ENFANT, avec beaucoup d'ampleur. Grosseur de poitrine 36 et 38, ceinture 36 et 38.

	1re ligne.	2e	3e	4e	5e	6e	7e	8e	9e	10e	11e
Dos											
Horizontale.	0	3	6	9	12	15	18	42	73	76	
Verticale ..	7	0	14	17	19	21	28	32	37	00	
Devant											
Horizontale.	0	3	6	9	12	15	21	44	73	77	
Verticale ..	16	15.19	1.5.6.21	22	22 1/2	23	29	32	36	00	
Manche											
Horizontale.	0	3	6	9	12	15	18	23	39	65	
Verticale ..	13	13.17	12. 20	11 1/2. 22	11.25	9.27	7.30	37	38	40	

LORD RAGLAND D'ENFANT, sans ampleur. Grosseur de poitrine 36 et 38, ceinture 36 et 38.

	1re ligne.	2e	3e	4e	5e	6e	7e	8e	9e	10e	11e
Dos											
Horizontale.	0	2	5	8	11	14	17	20	48	74	76
Verticale ..	6	0	11	14	16	17	19	25	28	31	00
Devant											
Horizontale.	0	3	6	9	12	15	19	50	77	79	
Verticale ..	16	14. 19	5. 6. 21	22	23	24	31	1.35	2.38	00	
Manche											
Horizontale.	0	3	6	9	12	15	18	21	38	61	
Verticale ..	13	12. 17	12. 20	11. 22	10. 24	9.26	7.28	35	36	37	

SÉBASTOPOLS.

SÉBASTOPOL, première taille. Le Sébastopol est un vêtement d'une grande ampleur. Sa forme est celle d'un sac. Si on voulait le couper avec deux coutures qui seraient aux épaulettes seulement, il faudrait pour cela que l'étoffe ait 0m,80 de largeur. La Manche est à une couture, et elle se trouve directement sous le bras.

	1re ligne.	2e	3e	4e	5e	6e	7e	8e	9e	10e	11e
Dos											
Horizontale.	0	1	12	21	26	60	107	110			
Verticale . .	9	0	26	28	32	36	43	00			
Devant											
Horizontale.	0	4	10	22	29	63	110	115			
Verticale . .	25	24	0, 12, 44	35	44	49	55	10			
Manche											
Horizontale.	0	2	12	16	17	40	73	76			
Verticale . .	18	13.25	38	42	54	50	41	00			

SÉBASTOPOL, deuxième taille. Même forme que le précédent.

	1re ligne.	2e	3e	4e	5e	6e	7e	8e	9e	10e	11e
Dos											
Horizontale.	0	1	12	19.	24	55	100	103			
Verticale . .	8	0	24	24	30	31	39	00			
Devant											
Horizontale.	0	4	9	19	25	28	60	105	107		
Verticale . .	24	23. 37	8, 11. 44	9.33	32	41	44	48	00		
Manche											
Horizontale.	0	2	13	11	38	70					
Verticale . .	18	12.25	40	41.52	2.50	5.47					

SÉBASTOPOL, troisième taille. Même forme que les précédents.

	1re ligne.	2e	3e	4e	5e	6e	7e	8e	9e	10e	11e
Dos											
Horizontale.	0	1	9	12	18	24	60	100	103		
Verticale . .	7	0	18	23	23	28	32	38	00		
Devant											
Horizontale.	0	4	9	24	27	63	103	105			
Verticale . .	22	21	8. 10. 40	32	39	41	48	00			
Manche											
Horizontale.	0	2	12	14	47	60					
Verticale . .	18	12.25	4.52	2.25	4.50	6.48					

CAPUCHON

Verticale.

Horizontale.

SOUFFLET

GRAND COTÉ

DEVANT

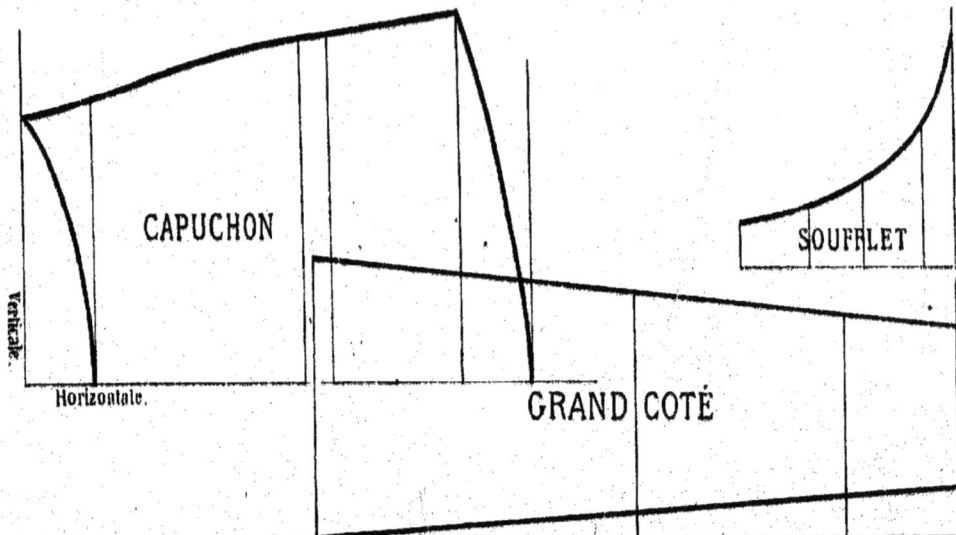

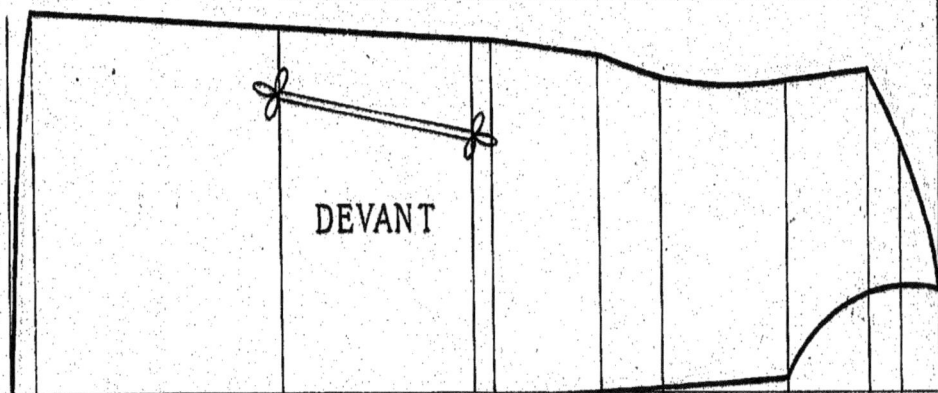

CABAN, tel qu'il a été inventé pour l'Infanterie.

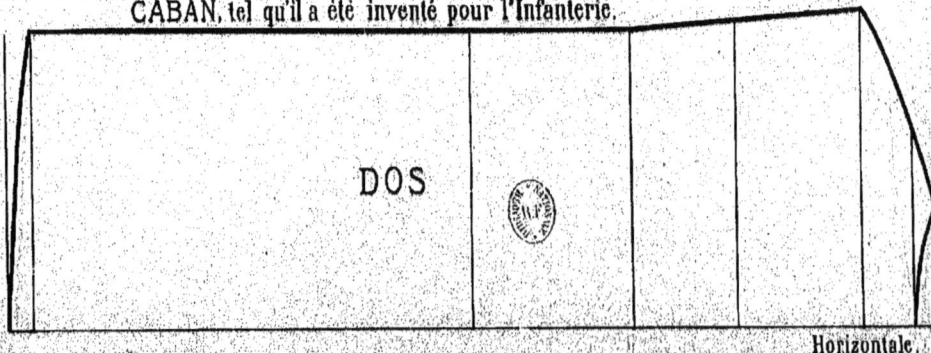

DOS

Horizontale.

CABANS.

CABAN (première taille) pour tous les hommes, excepté ceux qui sont extraordinairement gros.

	1re ligne.	2e	3e	4e	5e	6e	7e	8e	9e	10e	11e
Dos											
Horizontale.	0	3	8	19	32	49	115	117			
Verticale ..	11	20	32	31	30	30	30	00			
Devant											
Horizontale.	0	4	7	15	27	35	47	49	68	114	116
Verticale ..	11	11	11.33	2.32	2.32	1.31	35	Poche 25	Poche 30	39	00
Côté											
Horizontale.	0	12	36	59							
Verticale ..	0.21	4.22	2.21	26							
Soufflet											
Horizontale.	0	4	10	15	21						
Verticale ..	23	14	10	8	7						
Manche											
Horizontale.	0	2 1/2	5	32	60						
Verticale ..	26	2.29	2.50	1.46	41						
Capuchon											
Horizontale.	0	7	28	45	51						
Verticale ..	27	29	35	41	00						

CABAN (deuxième taille). On prendra la Manche du précédent.

Dos											
Horizontale.	0	3	9	23	34	106	107				
Verticale ..	10	17	30	28	29	29	00				
Devant											
Horizontale.	0	8	15	26	33	105	107				
Verticale ..	12	10.33	3.32	1.32	33	37	00				
Côté											
Horizontale.	0	28	51								
Verticale ..	4.17	2.20	23								
Soufflet											
Horizontale.	0	4	6	13	22						
Verticale ..	23	23	13	8	6						
Capuchon											
Horizontale.	0	7	44	49							
Verticale ..	29	31	39	00							

CABAN D'ENFANT DE 6 À 12 ANS avec capuchon, on déterminera la longueur selon la grandeur de l'enfant.

	1re ligne.	2e	3e	4e	5e	6e	7e	8e	9e	10e	11e
Dos											
Horizontale.	0	2	6	17	25	84	85				
Verticale . .	8	13	22	20	21	21	00				
Devant											
Horizontale.	0	6	11		20	24	84	85			
Verticale . .	9	8.25	2 ½. 24	1.23	25	27	00				
Côté											
Horizontale.	0	21	38								
Verticale . .	3.12	2.15	17								
Soufflet											
Horizontale.	0	1	5	10	17						
Verticale . .	17	17	10	6	4 ½						
Manche											
Horizontale.	0	2	3 ½	24	47						
Verticale . .	10. 17	1	27.37	33	30						
Capuchon											
Horizontale.	0	5	33	37							
Verticale . .	22	23	29	00							

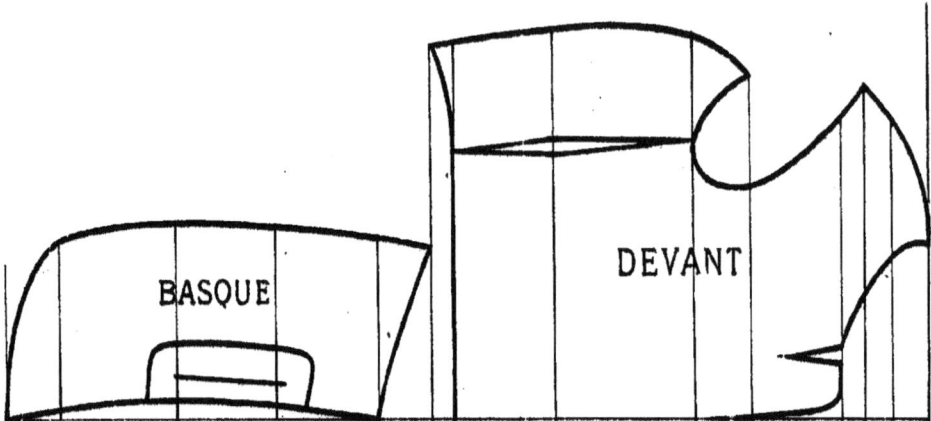

BASQUE

DEVANT

VESTE ANGLAISE POUR ENFANT

avec Basques.

DOS

MANCHE.

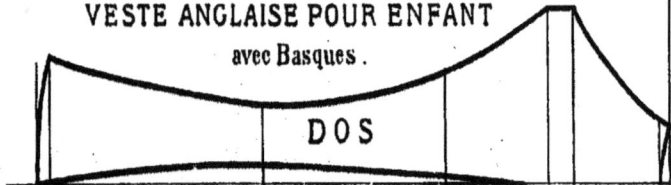

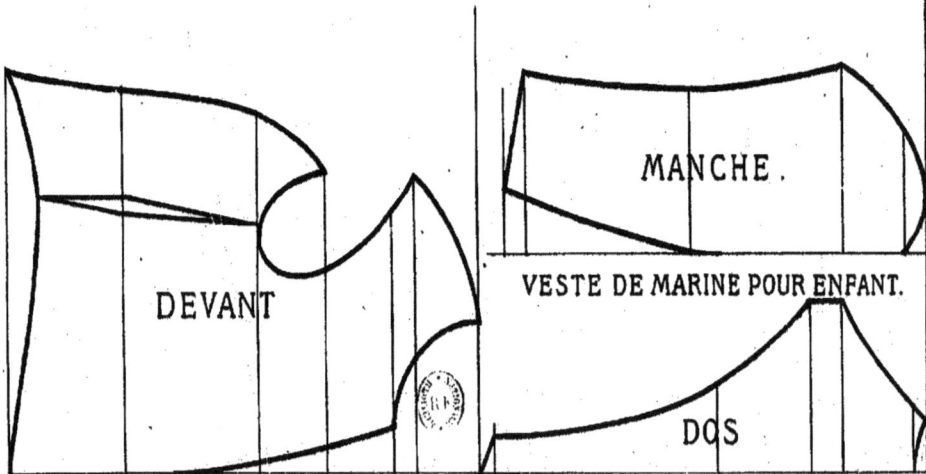

VESTE DE MARINE POUR ENFANT.

DEVANT

DOS

Horizontale.

VESTES.

VESTES POUR ENFANTS.

VESTE ANGLAISE AVEC BASQUES POUR ENFANT. Grosseur de poitrine 34, ceinture 32.

	1re ligne.	2e	3e	4e	5e	6e	7e	8e	9e	10e	11e
	Dos										
Horizontale.	0	1	10	12	19	33	51	52			
Verticale ..	5	0	15	15	10	1. 7	10	00			
	Devant										
Horizontale.	0	2	6	7	11	17	19	23	37	38	40
Verticale ..	15	14	10. 28	1 1/2. 5. 6	1. 20. 29	19	22. 32	32	23	00	31
	Basque										
Horizontale.	0	5	13	21	33	37					
Verticale ..	14	15 1/2	1. 16	1. 16	11	00					
	Manche										
Horizontale.	0	2 1/2	9	27	49	52					
Verticale ..	6	13	18	16	6. 19	7					

VESTE ANGLAISE AVEC BASQUES POUR ENFANT. Grosseur de poitrine 36, ceinture 34.

	1re	2e	3e	4e	5e	6e	7e	8e	9e	10e	11e
	Dos										
Horizontale.	0	1	10	12	19	27	52	54			
Verticale ..	6	0	16	16	1 1/2. 10	1. 7	10	00			
	Devant										
Horizontale.	0	3	6	8	15	20	30	40	41	43	
Verticale ..	16	15	11. 30	1. 5. 6	21. 31	25. 34	25. 35	25	00	34	
	Basque										
Horizontale.	0	5	14	23	33	38					
Verticale ..	16	16	1. 18	1. 18	18	00					
	Manche										
Horizontale.	0	3	10	29	51	54					
Verticale ..	7	14	19	17	0. 19	7					

11

VESTE ANGLAISE AVEC BASQUES POUR ENFANT. Grosseur de poitrine 38, ceinture 36.

	1re ligne.	2e	3e	4e	5e	6e	7e	8e	9e	10e	11e
Dos											
Horizontale.	0	1	10	12	22	38	57	58			
Verticale . .	6	0	17	17	2. 11	2. 9	12	00			
Devant											
Horizontale.	0	3	7	9	17	22	35	43	45		
Verticale . .	17	16	11.31	2. 5. 7	1.22. 32	25. 35	24. 25.35	24	34		
Basque											
Horizontale.	0	5	15	24	35	40					
Verticale . .	16	17	1. 18	1. 19	17	00					
Manche											
Horizontale.	0	2 1/2	10	29	52	55					
Verticale . .	7	13	19	17	6. 19	7					

VESTE ANGLAISE SANS BASQUES, POINTUE DERRIÈRE, POUR ENFANT. Ayant des revers et un collet comme une Redingote. Grosseur de poitrine 37, ceinture 36.

Dos											
Horizontale.	0	1	10	13	20	30	45	48			
Verticale . .	6	0	17	17	10 1/2	6	7	00			
Devant											
Horizontale.	0	3	6	15	21	38	45	49			
Verticale . .	16	14	1. 30	11/2.30.30 1. 25. 34	24.25.35	24	35				

NOTA. — On prendra une Manche à la taille.

VESTE ANGLAISE SANS BASQUES, AVEC COL ET REVERS. Grosseur de poitrine 39, ceinture 37.

Dos											
Horizontale.	0	1	10	13	22	36	46	48			
Verticale . .	6	0	17	17	10	6 1/2	7	00			
Devant											
Horizontale.	0	3	7	15	21	38	46	49			
Verticale . .	18	4. 16. 26	2. 8. 31	22. 32	26. 36	27. 36	26	37			

NOTA. — Creuser le bas du devant de 0m,03. Voir Manche, page 31.

VESTE RESSEMBLANT A UN PALETOT SAC AJUSTÉ (elle est croisée). Grosseur de poitrine 43, ceinture 44.

Dos											
Horizontale.	0	1	9	16	24	49	75				
Verticale . .	8	0	21	20 1/2	23	22	21				
Devant											
Horizontale.	0	3	8	15	23	25	47	75	76		
Verticale . .	23	3. 20. 32	2.9.10.39	1. 30	29.38	33. 38	41	5.45	00		

NOTA. — On prendra une Manche à la taille de ce Vêtement, page 30.

VESTE COMPLÈTE POUR ENFANT, col droit, boutonnée à une rangée de boutons, sans revers. Grosseur de poitrine 37, ceinture 34.

	1re ligne.	2e	3e	4e	5e	6e	7e	8e	9e	10e	11e
Dos											
Horizontale.	0	1	9	12	19	31	42	43			
Verticale . .	6	0	16	16	9	5	4	00			
Devant											
Horizontale.	0	4	7 1/2	15 1/2	22	36	44	46 1/2			
Verticale . .	19	17	6,31	21,31	2.26.36	25,27.37	25	37			

PETITE VESTE D'ENFANT AGÉ DE 4 A 5 ANS, boutonnée dans le haut avec un bouton. Grosseur de poitrine de 32 à 34 centimètres.

	1re ligne.	2e	3e	4e	5e	6e	7e	8e	9e	10e	11e
Dos											
Horizontale.	0	2	6	12	17	47					
Verticale . .	6	10	16	15 1/2	19	20					
Devant											
Horizontale.	0	4	6	15	21	45	50				
Verticale . .	12	11	3,22	17	23	3	22				
Manche											
Horizontale.	0	2	7	20	.35	39					
Verticale . .	6	.12	17	16	5.18	7					

AUTRE VESTE POUR PETIT ENFANT, agraffée avec des brandebourgs. Grosseur de poitrine 32 à 34 centimètres.

	1re ligne.	2e	3e	4e	5e	6e	7e	8e	9e	10e	11e
Dos											
Horizontale.	0	2	6	12	17	40					
Verticale . .	6	10	16	15 1/2	19	20					
Devant											
Horizontale.	0	6	15	20	37	42					
Verticale . .	7	1.18	13	20	1.20	4,40					
Manche											
Horizontale.	0	2	7	20	35	39					
Verticale . .	6	12	17	16	5.18	7					

VESTE DE MARINE POUR ENFANT AGÉ DE 7 A 8 ANS, boutonnée à une rangée de boutons (col droit). Creuser le bas du devant de 0m,03. Grosseur de poitrine 33, ceinture 32.

	1re ligne.	2e	3e	4e	5e	6e	7e	8e	9e	10e	11e
Dos											
Horizontale.	0	1	8 1/2	11	21	40	42				
Verticale . .	5	0	15 1/2	15 1/2	8	4	00				
Devant											
Horizontale.	0	6	7	14	20	35	43				
Verticale . .	14	9.26	4	18.27	1. 22. 32	22.24.34	35				
Manche											
Horizontale.	0	2	9	23	37	39					
Verticale . .	9	12	17	15	5.16	6					

VESTE DE MARINE POUR ENFANT AGÉ DE 8 A 9 ANS, boutonnée à une rangée de boutons (col à volonté).
Creuser le bas du devant de 0ᵐ,03. Grosseur de poitrine 35, ceinture 34.

	1re ligne.	2e	3e	4e	5e	6e	7e	8e	9e	10e	11e
	Dos										
Horizontale.	0	1	8	11	20	40	41				
Verticale . .	5 ½	0	16	16	8	4	00				
	Devant										
Horizontale.	0	5 ½	8	14	21	34	44				
Verticale . .	14	11.27	4	19.28	1. 23. 33	24.26.35	36				
	Manche										
Horizontale.	0	2	9	23	37	39					
Verticale . .	9	12	18	16	5.17	6					

VESTES POUR LA TROUPE ET POUR POMPIERS (PETITE TENUE).

Quatrième taille. Grosseur de poitrine 41, ceinture 38.

	Dos								
Horizontale.	0	1 ½	12 ½	15	23	40	51	52	
Verticale . .	7	0	20	19	12	6	6	00	
	Devant								
Horizontale.	0	5 ½	8	19	25	32	47	54	57
Verticale . .	15	13. 32	5. 6 ½	1. 22. 31	28. 38	39	27.29.39	28	39

NOTA. — On prendra pour Manches celles des Tuniques qui ont rapport aux grosseurs de poitrine.

Troisième taille. Grosseur de poitrine 46, ceinture 40.

	Dos								
Horizontale.	0	1 ½	12 ½	15	24	40	50	51	
Verticale . .	7	0	21	20	12	6	6	00	
	Devant								
Horizontale.	0	6	8	20	26	31	47	56	59
Verticale . .	15	13. 34	4 ½. 6	1. 22. 35	29. 39	41	28.30.41	29	41

Deuxième taille. Grosseur de poitrine 48, ceinture 44.

	Dos								
Horizontale.	0	1 ½	13	16	25	42	53	54	
Verticale . .	7	0	22	21	13	6	6	00	
	Devant								
Horizontale.	0	6	8 ½	21	27	35	47	58	61
Verticale . .	16	14. 35	5. 6	1. 23. 37	30. 41	43	29.31.42	30	43

MANCHE

DEVANT

COLLET

DOS

Verticale.

Horizontale.

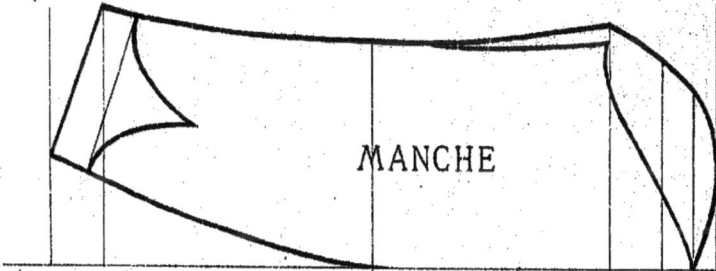

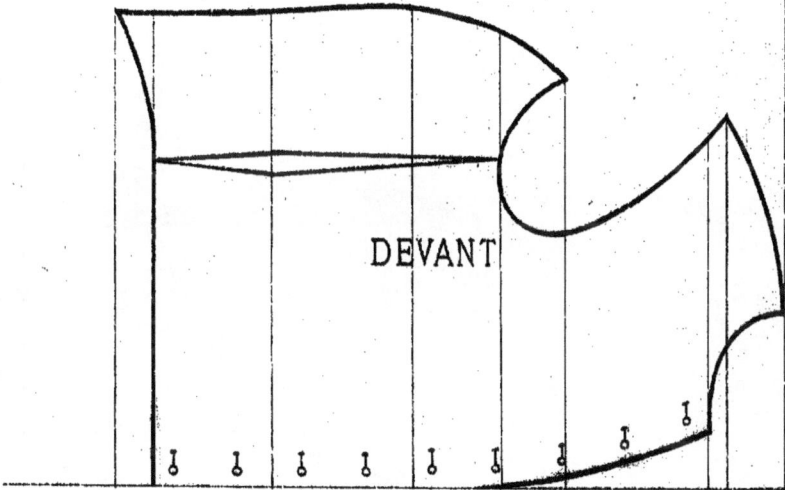

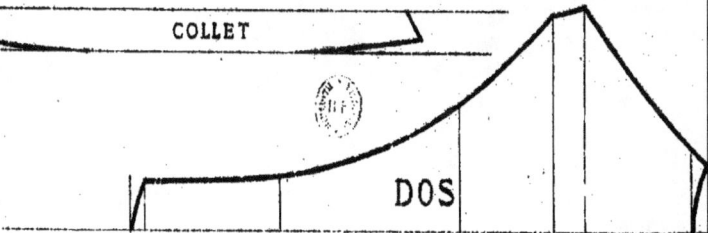

VESTE POUR LA TROUPE.OU POMPIER PETITE TENUE

MANCHE

DEVANT

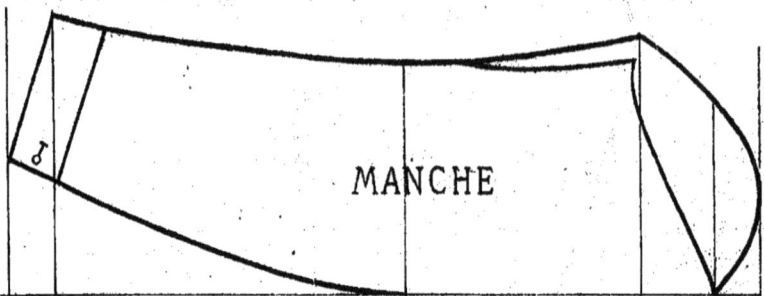

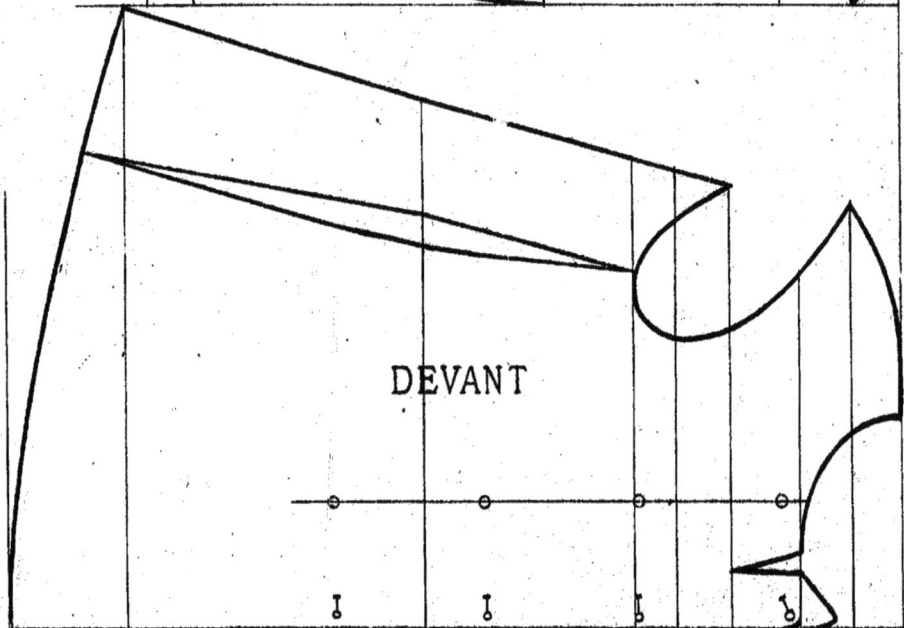

VESTE PALFRENIÈRE, pour Domestique.

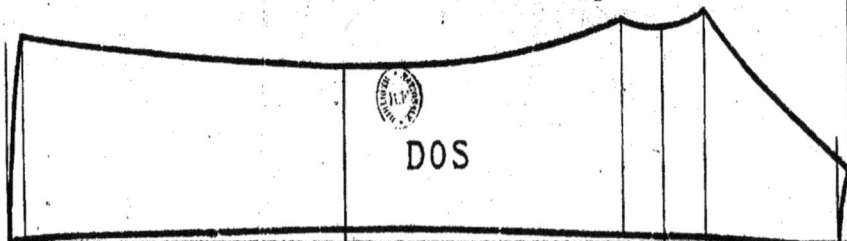

DOS

Verticale.

Horizontale.

Première taille. Grosseur de poitrine 50, ceinture 46.

	1re ligne.	2e	3e	4e	5e	6e	7e	8e	9e	10e	11e
	Dos										
Horizontale.	0	2	14	17	27	44	55	56			
Verticale . .	8	0	23	22	14	7	7	00			
	Devant										
Horizontale.	0	6	9	22	28	36	51	60	64		
Verticale . .	17	15. 36	5. 7	2. 24, 38	1. 31. 42	44	30. 32. 44	31	45		

NOTA. — On prendra les Manches de Tunique qui ont rapport aux grosseurs de poitrine.

VESTES PALEFRENIÈRES.

VESTE PALEFRENIÈRE POUR DOMESTIQUE, épaules basses, homme petit. Grosseur de poitrine 44, ceinture 40. Elle est à une rangée de boutons.

	Dos										
Horizontale.	0	1	12	19	34	48	74				
Verticale . .	6 1/2	0	1. 19	1. 10	1. 16	1. 15	15				
	Devant										
Horizontale.	0	4	7	10	19	25	47	72	74		
Verticale . .	19	17. 32	14. 36	6. 8	7. 26. 38	30. 41	31. 33. 44	34. 48	00		

NOTA. — On prendra pour Manches celles des Cochemanns qui ont rapport aux grosseurs de poitrine.

VESTE PALEFRENIÈRE DROITE À UNE RANGÉE DE BOUTONS, POUR DOMESTIQUE.
Grosseur de poitrine 48, ceinture 44.

	Dos										
Horizontale.	0	1	15	22	42	74					
Verticale . .	7	0	1. 20	1. 21	1. 16	1. 18					
	Devant										
Horizontale.	0	7	10	20	25	44	72	80			
Verticale . .	18	15. 38	5. 7	27. 39	32. 42	33. 35. 46	38. 56	00			

VESTE PALEFRENIÈRE DROITE A UNE RANGÉE DE BOUTONS, POUR DOMESTIQUE.
Grosseur de poitrine 50, ceinture 46.

	Dos										
Horizontale.	0	1	14	18	22	47	76				
Verticale . .	8	0	1. 21	20	1. 21	1. 17	20				
	Devant										
Horizontale.	0	5	10	17	22	26	45	71	82		
Verticale . .	20	19. 39	6. 8	23. 40	28. 34. 42	33	35. 38. 48	56	00		

VESTE PALEFRENIÈRE A DEUX RANGÉES DE BOUTONS, POUR DOMESTIQUE. Grosseur de poitrine 52, ceinture 48. Si on veut la faire à une rangée de boutons, on supprimera 0m,02 sur le devant.

	1re ligne.	2e	3e	4e	5e	6e	7e	8e	9e	10e	11e
Dos											
Horizontale.	0	1	14	18	22	47	76				
Verticale . .	8	0	1.21	20	1.22	1.17	20				
Devant											
Horizontale.	0	4	7	12	19	27	44	71	82		
Verticale . .	21	21	19.40	7.9	7.29.43	34.46	36.38.50	44.60	00		

VESTE PALEFRENIÈRE A DEUX RANGÉES DE BOUTONS, POUR DOMESTIQUE.
Grosseur de poitrine 54, ceinture 52.

Dos											
Horizontale.	0	1	15	21	32	49	69	88			
Verticale . .	8	0	22	2.23	3.20	3.18	20	22			
Devant											
Horizontale.	0	7	11	19	27	50	85	95			
Verticale . .	21	18.41	7.9.35	29.42	34.47	36.40.53	43.63	00			
Manche											
Horizontale.	0	3	12	35	61	66					
Verticale . .	8	18	24	23	11.28	13					

MANCHE·

DEVANT

DOS

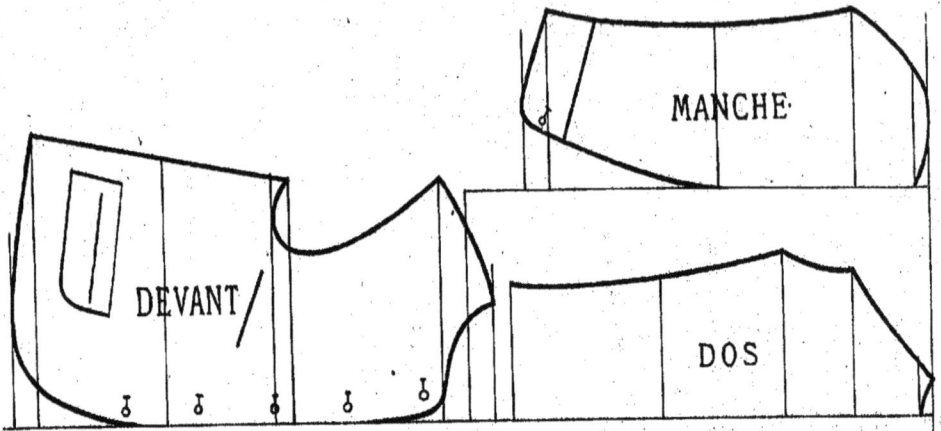

Modèle d'une Veste d'enfant.

Les points ronds indiquent les changements que l'on devra faire pour les hommes qui ont le dos rond.

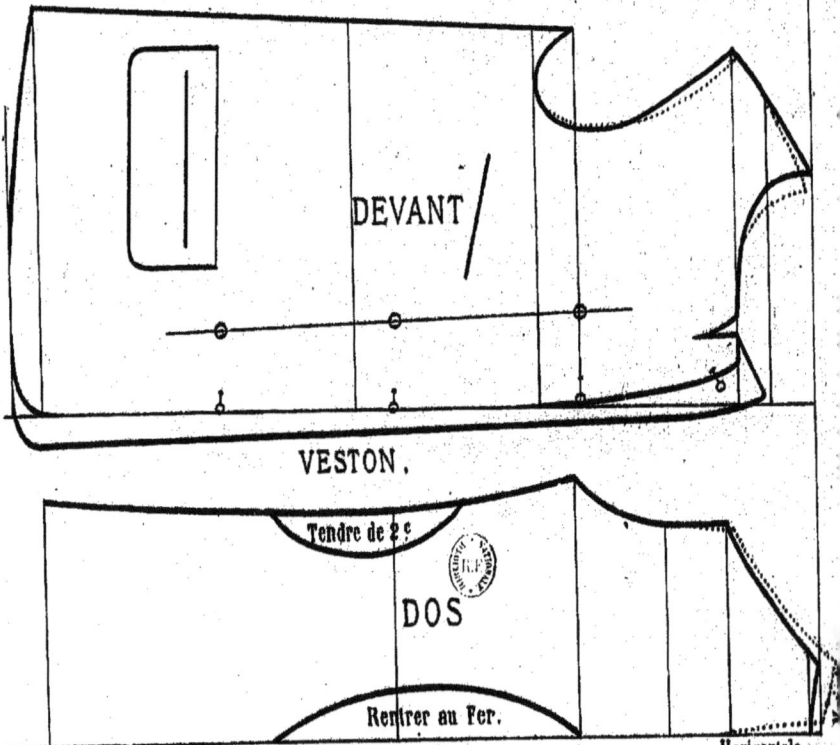

DEVANT

VESTON.

Tendre de 2.ᵉ

DOS

Rentrer au Fer.

Horizontale.

Figure représentant deux formes, droit et croisé.

VESTONS.

OBSERVATIONS SUR LES VESTONS. — CES VÊTEMENTS SONT SUR HUIT TAILLES DIFFÉRENTES, DONT TROIS EXCEPTIONS. SI ON AVAIT A HABILLER DES HOMMES VOUTÉS, IL FAUDRAIT METTRE 0ᵐ,03 DE PLUS DE HAUTEUR DE DOS. VOIR CE CHANGEMENT AU DESSIN. SI ON VEUT LES FAIRE CROISÉS A DEUX RANGÉES DE BOUTONS, IL FAUT AJOUTER 0ᵐ,04 EN PLUS DE LARGEUR SUR LE DEVANT.

VESTON DÉSIGNANT LÉGÈREMENT LA TAILLE. Grosseur de poitrine 42, ceinture 38.

	1re ligne.	2e	3e	4e	5e	6e	7e	8e	9e	10e	11e
	Dos										
Horizontale.	0	1	10	21	39	71	73				
Verticale . .	6	0	17	21	20	21	00				
	Devant										
Horizontale.	0	3	7	18	24	40	72				
Verticale . .	20	18	7.36	4.26	3.33	1.32	34				
	Manche										
Horizontale.	0	3	11	33	64	66					
Verticale . .	9	17	23	22	11.25	13					

VESTON DROIT A UNE RANGÉE DE BOUTONS. Grosseur de poitrine 46, ceinture 42.

	Dos										
Horizontale.	0	1	12	17	24	40	68				
Verticale . .	7	0	19	19	22	21	21				
	Devant										
Horizontale.	0	3	7	18	25	26	44	70	72		
Verticale . .	21	19	1.7.9.37	1.26	26.34	29	35	38	00		
	Manche										
Horizontale.	0	3	11	33	64	66					
Verticale . .	0	17	23	22	11.25	13					

VESTON, même observation que pour le précédent. Grosseur de poitrine 49, ceinture 44.

	Dos										
Horizontale.	0	1	10	17	24	40	74				
Verticale . .	7	0	20	19	23	22	22				
	Devant										
Horizontale.	0	4	8	18	24	25	43	75	77		
Verticale . .	22	20	5.9.11.38	2.37	1.27.37	31	36	39	00		
	Manche										
Horizontale.	0	3	10	33	64	66					
Verticale . .	9	17	23	22	11.25	13					

VESTON DROIT A UNE RANGÉE DE BOUTONS. Grosseur de poitrine 52, ceinture 48.

	1re ligne.	2e	3e	4e	5e	6e	7e	8e	9e	10e	11e
Dos											
Horizontale.	0	1	10	16	24	45	79				
Verticale . .	7	0	20	20	25	23	24				
Devant											
Horizontale.	0	4	8	23	26	47	79	81			
Verticale . .	22	20	5.8.9.37	1.28.38	32	39	41	00			
Manche											
Horizontale.	0	3	10	33	61	66					
Verticale . .	9	17	23	22	11.25	13					

VESTON, même observation que pour le précédent. Grosseur de poitrine 54, ceinture 52.

	1re ligne.	2e	3e	4e	5e	6e	7e	8e	9e	10e	11e
Dos											
Horizontale.	0	1	11	19	26	47	77				
Verticale . .	7	0	21	21	25	24	24				
Devant											
Horizontale.	0	4	8	20	25	28	48	77	79		
Verticale . .	23	19	4.8.10.33	1.28	28.39	32	41	43	00		
Manche											
Horizontale.	0	5	13	36	63	67					
Verticale . .	10	20	25	24	9.25	10					

EXCEPTIONS SUR LES VESTONS.

VESTON POUR UN JEUNE HOMME GRAND ET MAIGRE. Grosseur de poitrine de 44 à 45, ceinture de 39 à 41.

	1re ligne.	2e	3e	4e	5e	6e	7e	8e	9e	10e	11e
Dos											
Horizontale.	0	1	9	19	23	45	74				
Verticale . .	7	0	18	19	24	22	23				
Devant											
Horizontale.	0	4	8	18	25	48	76	78			
Verticale . .	18	15	3.7.9.33	24	32	33	37	00			
Manche											
Horizontale.	0	3	11	33	64	66					
Verticale . .	9	17	23	22	11.25	13					

VESTON POUR UN HOMME PETIT ET GROS, il se tient très-droit.

Grosseur de poitrine de 48 à 49, ceinture de 44 à 45.

	1re ligne.	2e	3e	4e	5e	6e	7e	8e	9e	10e	11e
	Dos										
Horizontale.	0	1	11	19	25	43	70				
Verticale . .	7	0	20	20	26	24	24				
	Devant										
Horizontale.	0	4	8	19	25	46	71	73			
Verticale . .	21	17	5. 8. 9. 3	1. 27	35	36	38	00			
	Manche										
Horizontale.	0	3	11	30	61	63					
Verticale . .	9	17	24	23	11. 25	13					

VESTON POUR UN HOMME DE TAILLE MOYENNE, ayant les épaules excessivement fortes, le dos large et fort. Les modèles ordinaires gênent tous aux emmanchures. Grosseur de poitrine 54, ceinture 54.

	Dos										
Horizontale.	0	1	12	18	25	47	81				
Verticale . .	7	0	22	22	25	25	26				
	Devant										
Horizontale.	0	5	10	23	27	49	82	85			
Verticale . .	20	19. 40	4. 8. 9	1. 30. 43	36	46	50	00			
	Manche										
Horizontale.	0	5	15	38	65	67					
Verticale . .	13	23	28	26	9. 29	10					

12

VAREUSES.

VAREUSE DE GARDE NATIONAL MOBILISÉ, adoptée dans l'armée en 1870. Ce Vêtement est croisé, col droit avec martingale derrière boutonnée avec deux boutons (voir l'instruction ministérielle). Grosseur de poitrine 46, ceinture 42.

	1re ligne.	2e	3e	4e	5e	6e	7e	8e	9e	10e	11e
	Dos										
Horizontale.	0	2	11	24	53	83					
Verticale . .	7	0	20	22	22	23					
	Devant										
Horizontale.	0	5	9	21	24	49	79	85			
Verticale . .	21	19. 38	1. 11	29, 40	32	44	49	00			
	Manche										
Horizontale.	0	3	13	35	62	65					
Verticale . .	10	17	24	22	8. 25	10					

VAREUSE DE GARDE NATIONAL, mêmes observations que pour la précédente. Grosseur de poitrine 49, ceinture 44.

	Dos										
Horizontale.	0	2	11	25	49	85					
Verticale . .	7	0	21	24	24	25					
	Devant										
Horizontale.	0	5	9	22	25	80	85				
Verticale . .	21	19. 38	10	29. 40	34	50	00				
	Manche										
Horizontale.	0	3	13	35	62	66					
Verticale . .	10	18	24	23	9. 25	11					

CAPUCHON MOBILE. On le boutonne aux deux boutons du haut du Vêtement.

Horizontale.	0	8	12	47	50						
Verticale . .	26	16. 27	28	33	00						

NOTA. — Il peut servir pour toutes les tailles.

VAREUSE DE GARDE NATIONAL MOBILISÉ, mêmes observations que pour les précédentes.
Grosseur de poltrine 52, ceinture 47.

	1re ligne.	2e	3e	4e	5e	6e	7e	8e	9e	10e	11e
	Dos										
Horizontale.	0	2	11	25	48	80					
Verticale ..	7	0	21	24	33	24					
	Devant										
Horizontale.	0	6	10	22	25	82	88				
Verticale ..	22	20.39	1.12	30.42	34	52	00				

NOTA. — On prendra la Manche du 54, qui est plus bas.

VAREUSE DE GARDE NATIONAL, mêmes observations que les précédentes.
Grosseur de poltrine 54, ceinture 51.

	Dos										
Horizontale.	0	2	11	26	50	86					
Verticale ..	7	0	21	25	24	25					
	Devant										
Horizontale.	0	6	10	22	27	82	88				
Verticale ..	22	20.39	1.12	31.43	35	54	00				
	Manche										
Horizontale.	0	3	15	34	62	66					
Verticale ..	10	19	27	24	27	12					

NOTA. — Les Capotes de troupiers se coupent la même chose, il faut ajouter la longueur.

ROBES DE CHAMBRE.

ROBE DE CHAMBRE, quatrième taille. Grosseur de poitrine 44, ceinture 40.

	1re ligne.	2e	3e	4e	5e	6e	7e	8e	9e	10e	11e
Dos											
Horizontale.	0	1	10	17	24	82	125	130			
Verticale . .	7	0	21	23	31	37	40	00			
Devant											
Horizontale.	0	7	10	17	24	125	130				
Verticale . .	21	18	6.34	3.28	2.38	58	00				
Manche											
Horizontale.	0	1	11	35	63	67					
Verticale . .	10	17	24	22	7.25	9					

ROBE DE CHAMBRE, troisième taille. Grosseur de poitrine 48, ceinture 44.

Dos											
Horizontale.	0	1	11	18	25	125	130				
Verticale . .	8	0	22	21	31	40	00				
Devant											
Horizontale.	0	7	10	18	25	125	130				
Verticale . .	22	18.40	6.35	3.20	2.38	56	00				
Manche											
Horizontale.	0	4	12	37	66	70					
Verticale . .	10	17	24	22	25	9					

ROBE DE CHAMBRE, deuxième taille. Grosseur de poitrine 52, ceinture 48.

Dos											
Horizontale.	0	1	12	22	28	76	135	138			
Verticale . .	8	0	24	26	33	39	46	00			
Devant											
Horizontale.	0	7	11	21	27	71	133	138			
Verticale . .	23	20.43	6	3.31	1.41	50	65	00			
Manche											
Horizontale.	0	5	13	28	70	75					
Verticale . .	11	22	28	27	12.30	12					

ROBE DE CHAMBRE, première taille. Il faudrait que le client soit extraordinairement gros pour qu'elle soit trop petite. Grosseur de poitrine 56, ceinture 56.

	1re ligne.	2e	3e	4e	5e	6e	7e	8e	9e	10e	11e
Dos											
Horizontale.	0	1	13	21	27	29	68	112	142	146	
Verticale . .	9	0	26	27	30	36	39	44	46	00	
Devant											
Horizontale.	0	4	8	13	21	28	48	88	138	140	
Verticale . .	21	19	17, 41	3, 35	2, 30	1, 42	47	56	68	00	
Manche											
Horizontale.	0	5	14	35	67	70					
Verticale .	12	20	27	24	10, 29	11					

COINS DE FEU.

COIN DE FEU, troisième taille. Grosseur de poitrine 44, 46 et même 48.

	1re ligne.	2e	3e	4e	5e	6e	7e	8e	9e	10e	11e
Dos											
Horizontale.	0	1	12	19	25	51	86				
Verticale ..	7	0	21	21	26	27	29				
Devant											
Horizontale.	0	6	13	22"	26	55	83	87			
Verticale ..	10	14. 35	1, 28	27	35	39	43	00			
Manche											
Horizontale.	0	4	10	37	47	64	67				
Verticale ..	10	20	24	1, 23	3, 26	12, 28	13				

NOTA. — Le Coin de Feu est un diminutif de la Robe de Chambre, la forme du châle est la même.

COIN DE FEU, deuxième taille. Grosseur de poitrine de 48 à 52.

Dos											
Horizontale.	0	1	13	19	26	50	85	87			
Verticale ..	8	0	22	22	27	29	31	00			
Devant											
Horizontale.	0	5	6	11	14	23	28	36	84	88	
Verticale ..	19	18	38	11. 33	2. 31	1. 29	1. 32. 39	42	46	00	
Manche											
Horizontale.	0	4	10	37	47	64	69				
Verticale ..	10	20	25	1. 24	4. 27	13. 29	14				

COIN DE FEU, première taille.

Dos											
Horizontale.	0	1	14	21	26	85	87				
Verticale .	8	0	23	23	29	32	00				
Devant											
Horizontale.	0	6	12	16	26	86	90				
Verticale ..	22	19. 41	12. 25	32	33. 43	50	00				
Manche											
Horizontale.	0	4	14	34	63	68					
Verticale ..	12	21	28	26	12. 30	14					

DEVANT

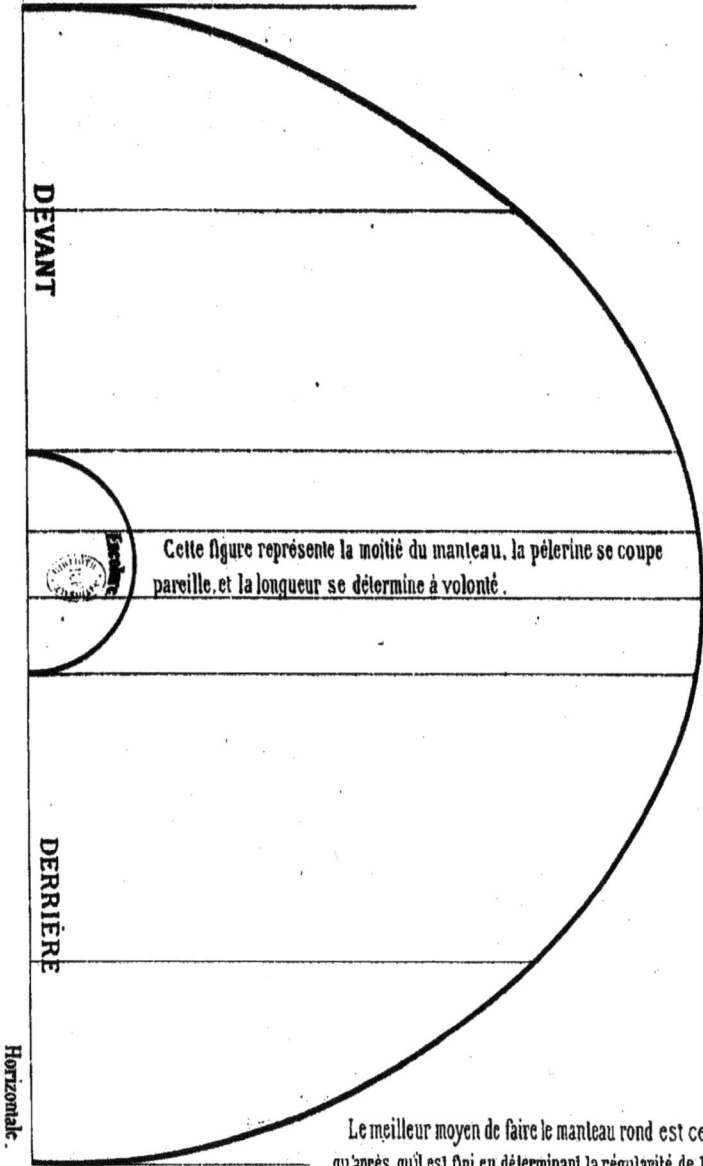

Cette figure représente la moitié du manteau, la pèlerine se coupe
pareille, et la longueur se détermine à volonté.

DERRIÈRE

Horizontale.

Verticale.

Le meilleur moyen de faire le manteau rond est celui de ne l'arrondir
qu'après qu'il est fini en déterminant la régularité de la longueur sur la
personne qui doit le porter.

MANTEAUX.

MANTEAU D'HOMME, pour la ville. Grande ampleur.

	1re ligne.	2e	3e	4e	5e	6e	7e	8e	9e	10e	11e
Horizontale.	0	16	35	58	64	69	75	94	109	130	
Verticale . .	0	49	64	72	7.72	6.72	71	65	54	00	

NOTA. — Ce tracé représente la moitié du manteau. Il faut autant que possible l'arrondir sur la personne qui doit le porter, c'est le moyen le plus sûr et le moins trompeur.

MANTEAU D'ENFANT AGÉ DE 5 A 7 ANS. Ce vêtement, qui est de pure fantaisie, se boutonne sur le devant avec une rangée de boutons. Le col ressemble à un col de femme. Les Manches sont larges du bas, ornées de trois boutons comme le Manteau.

	Dos								
Horizontale.	0	2	6	12	15	30	38	45	55
Verticale . .	5	0	14	12 1/2	17	24	29	32	00
	Devant								
Horizontale.	0	2	5 1/2	6 1/2	14	17	32	49	58
Verticale . .	8	7 1/2	5.18	17	15	21	26	33	00
	Manche								
Horizontale.	0	1 1/2	4 1/2	11	16	21	25	32	
Verticale . .	4	9	13	13	16	1.19	2.15	6	

MANTEAU D'ENFANT AGÉ DE 8 A 10 ANS. La forme est la même que le précédent. On peut s'en servir pour les deux sexes.

	1re ligne.	2e	3e	4e	5e	6e	7e	8e	9e	10e	11e
	Dos										
Horizontale.	0	2	8	16	19	38	49	61			
Verticale . .	6	0	18	16	21	31	37	00			
	Devant										
Horizontale.	0	7	8	18	22	41	53	61			
Verticale . .	9	5.22	20	18	25	33	38	00			
	Manche										
Horizontale.	0	2	8	14	21	26	41				
Verticale . .	5	11	16	17	20	1.24	7				

EXCEPTIONS SUR LES MANCHES POUR GRANDES TAILLES.

MANCHE ÉCONOMIQUE pour les tailles de 51, 53 et 56 de grosseur de ceinture.

	Dessus bras.					
Horizontale.	0	3	11	39	64	66
Verticale . .	14	20	36	35		11
	Dessous bras.			63		
Horizontale.	0	8	31	61		
				11		
Verticale . .	0	16	18	10. 22	10. 37	

MANCHE ÉCONOMIQUE pour couper les grandes tailles, soit 58, 60, 62 et 64 de grosseur de ceinture.

	Dessus bras.						
Horizontale.	0	4	20	27	45	68	71
Verticale . .	16. 27	31	38	44	31	18	00
	Dessous bras.						
Horizontale.	0	3	12	28	57	59	
Verticale . .	5	7	14	1. 21	18	18	

NOTA. — Le dessus bras se dessine de 16 à 38.

DERRIÈRE

CULOTTE DEVANT

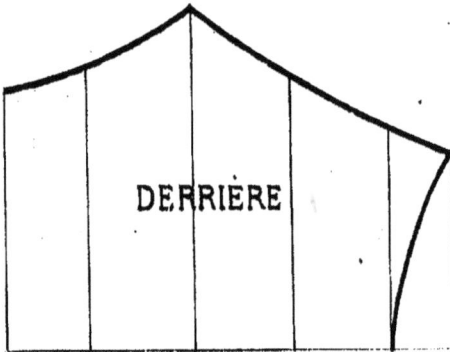

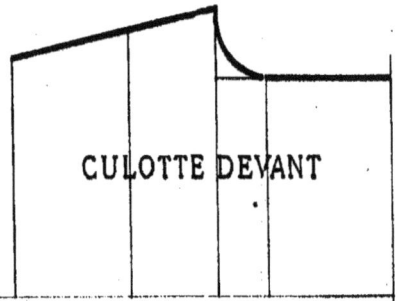

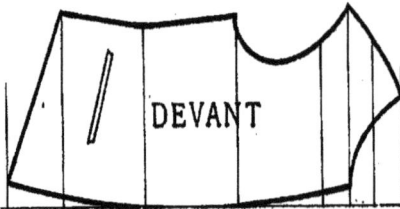

Habillement d'enfant de l'âge de **4 à 5** ans
grosseur de poitrine **30**, id. de ceinture.

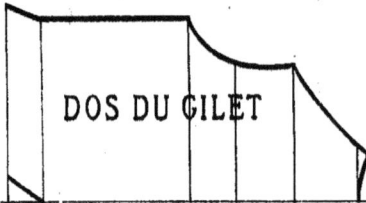

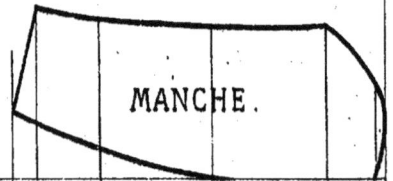

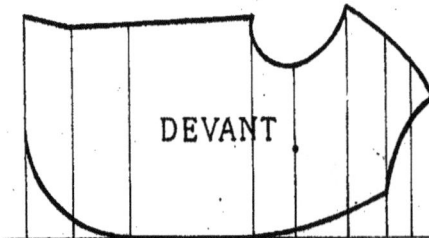

DEVANT

DOS DU GILET

MANCHE.

DEVANT

VESTE DOS

Verticale.

Horizontale.

HABILLEMENTS D'ENFANTS.

—

HABILLEMENT D'ENFANT AGÉ DE 4 A 5 ANS. Grosseur de poitrine 30, ceinture 30.
Composé d'une Veste, Gilet et Culotte.

	1re ligne.	2e	3e	4e	5e	6e	7e	8e	9e	10e	11e
	Dos de la Veste										
Horizontale.	0	2 1/2	7	11	16	26	32	37			
Verticale . .	5	0	14 1/2	13	16	16	17	14			
	Devant										
Horizontale.	0	2	4	8	13	17 1/2	29	34	38		
Verticale . .	13	11 1/2, 16	5 1/2	3.22	1.16	21	20	2.20 1/2	10.21		
	Manche										
Horizontale.	0	1	6	17	27	33	35				
Verticale . .	5	10	15	15	3.15	5.16	6				

NOTA. — La Veste est de même forme que celle des zouaves.

GILET. Grosseur de poitrine 30, ceinture 30.

	Dos										
Horizontale.	0	1	7	13	17	31	34				
Verticale . .	4 1/2	0	13	13	17	17	3.18				
	Devant										
Horizontale.	0	2 1/2	5	9	15 1/2	24	32	37			
Verticale . .	11	9.15	2.20	1.15	17 1/2	17	18	3			

CULOTTE. La forme est large du bas, la longueur ne dépasse pas le genoux, elle est plissée devant.

	Devant										
Horizontale.	0	12	17	25							
Verticale . .	20	20	20.27	25							
	Derrière										
Horizontale.	0	6	15	24							
Verticale . .	18	20	25	31							

HABILLEMENT D'ENFANT AGÉ DE 5 A 6 ANS. Grosseur de poitrine 32 ou 34.
Composé d'un Corsage, Veste et Culotte.

	1re ligne.	2e	3e	4e	5e	6e	7e	8e	9e	10e	11e
Dos du Corsage											
Horizontale.	0	2	6	12	18	33					
Verticale . .	6	8	14	14	18	18					
Devant											
Horizontale.	0	4	7	16	31						
Verticale . .	8 1/2	7 1/2. 19	15	19	19						
Manche											
Horizontale.	0	2	8	21	36	39					
Verticale . .	7	12	17	15	6.18	8					

VESTE. On l'agrafe dans le haut seulement,

Dos											
Horizontale.	0	1 1/2	7	13	17 1/2	41					
Verticale . .	6	0	16	15	19	20					
Devant											
Horizontale.	0	4	7	12	16	34	39				
Verticale . .	8 1/2	7.20	2.16	1.14	1.20	3.19	12.19				
Manche											
Horizontale.	0	2	8	21	36	39					
Verticale . .	7	12	17	15	6.18	8					

CULOTTE complétant le présent habillement. On fera des boutonnières à la ceinture, et on mettra des boutons au corsage.

Devant											
Horizontale.	0	13	20	38	62						
Verticale . .	4.21	1.20	25	20	17						
Derrière											
Horizontale.	0	15	20	38	65						
Verticale . .	3.22	1.24	31	25	20						

HABILLEMENT D'ENFANT ÂGÉ DE 6 A 7 ANS. Grosseur de poitrine 83, ceinture 33.
Composé d'une Veste, Gilet et Culotte.

	1re ligne.	2e	3e	4e	5e	6e	7e	8e	9e	10e	11e
	Dos de la Veste										
Horizontale.	0	3	8	12	16	28	40				
Verticale . .	6	9	16	15 1/2	19	19	21				
	Devant										
Horizontale.	0	4	6	12	17	26	34	40			
Verticale . .	9	7.24	23	3.17	21	22	2.23	13.31			
	Manche										
Horizontale.	0	2	7	20	35	39					
Verticale . .	6	12	17	16	5.18	7					

GILET. Grosseur de poitrine 83, ceinture 33.

	Dos										
Horizontale.	0	1	8	13	16	25	36				
Verticale . .	6	0	14	14	19	18	19				
	Devant										
Horizontale.	0	3	5	11	16	24	31	36	40		
Verticale . .	9	8.20	1.3.18	15	19	19	1.20	9.22	6.13		

CULOTTE complétant l'habillement. Elle n'est pas plissée.

	Devant										
Horizontale.	0	4	21	25	62						
Verticale . .	8	6.24	22	28	22						
	Derrière										
Horizontale.	0	4	16	26	31	44	68				
Verticale . .	20	3.22	1.23	25	30	26	22				

HABILLEMENT D'ENFANT AGÉ DE 7 A 8 ANS. Grosseur de poitrine 85, ceinture 33: Composé d'une Veste, Pantalon et Gilet sans col.

	1re ligne.	2e	3e	4e	5e	6e	7e	8e	9e	10e	11e
	Dos de la Veste										
Horizontale.	0	1	9	16	28	44					
Verticale . .	6	0	16	17	15	14					
	Devant										
Horizontale.	0	3	6 1/2	20	21	36	48	50			
Verticale . .	12	11	2.24	17.23	20	25	5.27	8			
	Manche										
Horizontale.	0	2	9	22	41	43					
Verticale . .	7	12	19	17	6.18	7					

PANTALON, il n'arrive qu'au mollet, on peut l'allonger à volonté. Ceinture 31, côté 60, entrejambe 38.

	Devant										
Horizontale.	0	4	21	25	62						
Verticale . .	8	6.24	22	28	22						
	Derrière										
Horizontale.	0	4	16	26	31	44	68				
Verticale . .	20	3.22	1.23	25	36	28	27				

GILET complétant l'habillement.

	Dos										
Horizontale.	0	1	8	19	36	42					
Verticale . .	6	0	14	18	18	4.19					
	Devant										
Horizontale.	0	3	7	9	19	36	42	45			
Verticale . .	9	8.20	6	16	21	1.20	21	2			

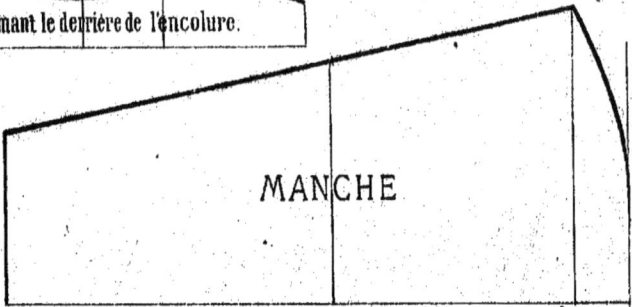

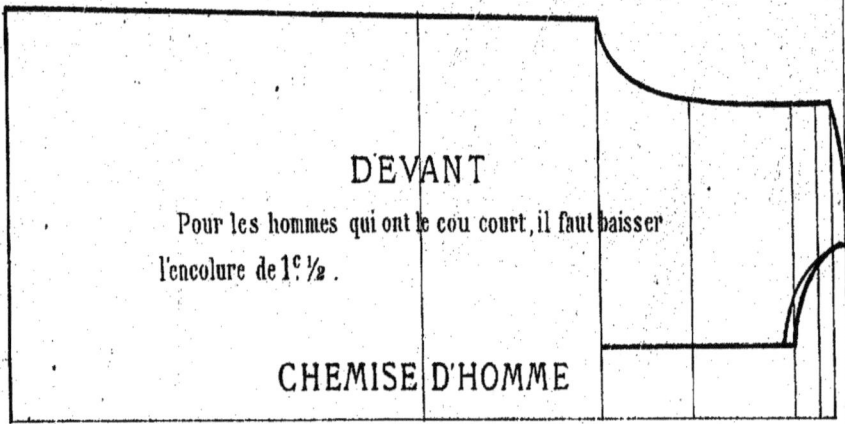

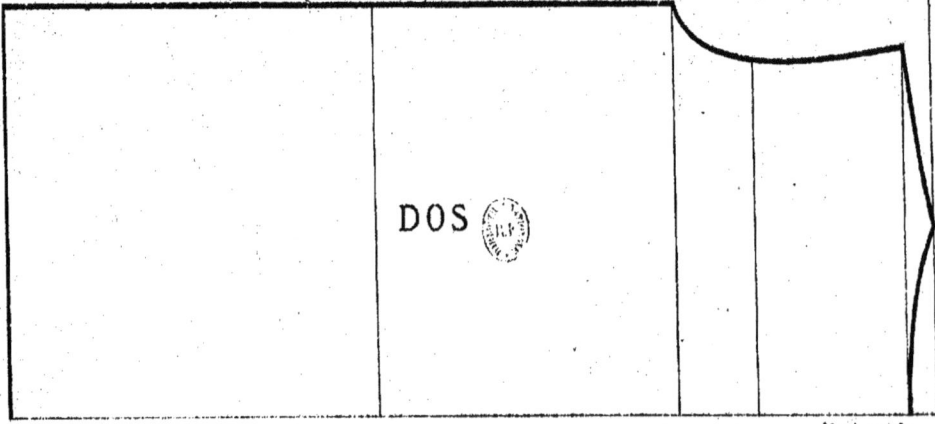

Pièce formant le derrière de l'encolure.

MANCHE

DEVANT

Pour les hommes qui ont le cou court, il faut baisser

l'encolure de 1^c. ½ .

CHEMISE D'HOMME

DOS

Verticale.

Horizontale.

CHEMISES.

CHEMISE POUR JEUNES GENS AGÉS DE 13 A 17 ANS. Grosseur de poitrine 42, ceinture 38. Largeur d'encolure 36 ou 37. Largeur du calicot ou de la toile 0m,74 à 0m,75.

	1re ligne.	2e	3e	4e	5e	6e	7e	8e	9e	10e	11e
Dos											
Horizontale.	0	3	17	24	55	92					
Verticale . .	18	32	31	38	38	38					
Devant											
Horizontale.	0	1 1/2	3	5 1/2	16	23	45	83			
Verticale . .	17	16.30	15	8.30	30	8.38	38	38			
Pièce formant le derrière de l'encolure et couvrant les coutures d'épaulettes.											
Horizontale.	0	13	21	29	43						
Verticale . .	3	7	3	7	3						
Manche											
Horizontale.	0	6	30	63							
Verticale . .	9	27	22	16							

NOTA. — La pièce se prend du côté de la lisière, il en faut deux pour chaque Chemise.

CHEMISE POUR HOMME, deuxième taille. Grosseur de poitrine 48, ceinture 44, encolure 30, largeur du calicot de 0m,80 à 0m,82.

Dos											
Horizontale.	0	3	18	25	57	94					
Verticale . .	18	34	35	41	41	41					
Devant											
Horizontale.	0	1 1/2	3	5 1/2	16	24	45	84			
Verticale . .	17	16.32	15	8.32	33	8.41	8.41	41			
Pièce											
Horizontale.	0	15	24	33	48						
Verticale . .	4	9	5	9	4						
Manche											
Horizontale.	0	6	32	65							
Verticale . .	10	30	23	17							

CHEMISE D'HOMME, première taille. Les cols et les poignets se font à volonté, largeur du calicot 0m,90.
Grosseur de poitrine 52, ceinture 48.

	1re ligne.	2e	3e	4e	5e	6e	7e	8e	9e	10e	11e
	Dos										
Horizontale.	0	3	18	27	68	112					
Verticale . .	19	37	38	46	46	46					
	Devant										
Horizontale.	0	2	4	6	21	26	49	98			
Verticale . .	20	19 1/2. 33	17	11.37	11.38	46	11.46	46			

Pièce formant le derrière de l'encolure et couvrant les coutures d'épaulettes.

Horizontale.	0	17	26	38	53						
Verticale . .	4	9	5	9	4						
	Manche										
Horizontale.	0	6	37	71							
Verticale . .	15	34	27	20							

CHEMISE POUR HOMME GROS. Grosseur de poitrine 60, ceinture 60, encolure 43 ou 44.
Largeur du calicot 1 mètre.

	Dos										
Horizontale.	0	3	19	28	68	104					
Verticale . .	21	42	41	50	50	50					
	Devant										
Horizontale.	0	2	4	6	17	28	45	94			
Verticale . .	22	21. 41	19	12. 41	41	50	12. 50	50			
	Pièce										
Horizontale.	0	17	26	38	53						
Verticale . .	4	9	5	9	4						
	Manche										
Horizontale.	0	6	37	71							
Verticale . .	15	34	27	20							

NOTA. — Les hommes de cette grosseur peuvent avoir 49 de grosseur de cou. Si vous faites des Chemises pour des hommes voûtés, il faudra baisser l'encolure de 0m,02 1/4 et la raccourcir par le haut de l'épaulette d'autant.

GUÊTRES.

GUÊTRE, première taille. Hauteur 0m,17, grosseur du bas de la jambe 0m,12, largeur du bas fini 0m,23.

	1re ligne.	2e	3e	4e	5e	6e	7e	8e	9e	10e	11e
Grand côté											
Horizontale.	0	4	9	12 1/2	15	17					
Verticale. .	3.15	3.16	1 1/2. 20	24	5.21	12.17					
Côté moyen											
Horizontale.	0	5	10	13	16	17					
Verticale. .	2.10	1.11	1 1/2. 14	18	15 1/2	7.12					
Petit côté											
Horizontale.	0	4	8	15	16						
Verticale. .	3.11	3.10	1 1/2. 10	10	15						

GUÊTRE, deuxième taille.

	1re ligne.	2e	3e	4e	5e	6e	7e	8e	9e	10e	11e
Grand côté											
Horizontale.	0	4	8	13	15	17					
Verticale. .	2 1/2. 15	2 1/2. 15	2. 17 1/2	23	21	12.17					
Côté moyen											
Horizontale.	0	4	9	12 1/4	15 1/2	17					
Verticale. .	8 1/2	9	12 1/2	17	14	5.11					
Petit côté											
Horizontale.	0	4	7 1/2	13	15 1/2	16 1/2					
Verticale. .	2 1/2. 10	2 1/2. 10	2.10	10	10	10					

GUÊTRE, troisième taille.

	1re ligne.	2e	3e	4e	5e	6e	7e	8e	9e	10e	11e
Grand côté											
Horizontale.	0	4	8	12	14	16					
Verticale. .	2 1/2. 14	2 1/2. 15	1 1/2. 17 1/2	22	21	15					
Côté moyen											
Horizontale.	0	4	9	13	14 1/2	16 1/2					
Verticale. .	9	10	13 1/2	18	16	11					
Petit côté											
Horizontale.	0	4	8	12	14 1/2	15					
Verticale. .	7	7	7 1/2	8 1/2	4	00					

GUÊTRE POUR LA CHASSE, ancien système. On déterminera la hauteur au gré du client.

	1re ligne.	2e	3e	4e	5e	6e	7e	8e	9e	10e	11e
	Grand côté										
Horizontale.	0	8	14	24	27						
Verticale.	25 1/2	31/2. 14 1/2	2 1/2. et 16. 17. 24	15. 16. 24	15. 16. 24						
	Petit côté										
Horizontale.	0	11	24	26							
Verticale.	12	11	1. 15	1							
	Avant-pied										
Horizontale.	0	4	6	9	12	14					
Verticale.	2	4	7	13	10 1/2	7					

GUÊTRE D'ENFANT.

	Grand côté				
Horizontale.	0	4	8 1/2	12	
Verticale.	2 1/2. 12	1 1/2. 14	1 1/2. 19	12	
	Côté moyen				
Horizontale.	0	5	7 1/2	11	13
Verticale.	6 1/2	10	14	11	00

CORSAGES D'AMAZONE.

CORSAGE D'AMAZONE, Vêtement de dame. Grosseur de poitrine 44, ceinture 35.

	1re ligne.	2e	3e	4e	5e	6e	7e	8e	9e	10e	11e
Dos											
Horizontale.	0	7	12	16	23	40					
Verticale . .	6	13	19	17	10	4					
Devant											
Horizontale.	0	3	6	9	14	19	23	32	43	47	
Verticale . .	14	14	12. 31	4	25	2. 25. 34	1. 29. 36	12. 16. 28	11. 18. 28	37	

NOTA. — Pour ces Vêtements c'est le suçon qui règle la grosseur de ceinture.

CORSAGE D'AMAZONE, Vêtement de dame. Grosseur de poitrine 46, ceinture 33.

Dos											
Horizontale.	0	7	13	17	24	41					
Verticale . .	6	13	20	18	11	4					
Devant											
Horizontale.	0	3	7	9	16	20	24	38	45	48	
Verticale . .	15	15. 30	13. 33	4	26	26. 35	15. 30. 38	13. 18. 40	12. 19. 29	40	

CORSAGE D'AMAZONE, Vêtement de dame. Grosseur de poitrine 48, ceinture 36.

Dos											
Horizontale.	0	8	14	18	44						
Verticale . .	6	14	21	19	4						
Devant											
Horizontale.	0	3	7	10	16	21	25	35	47	51	
Verticale . .	15	15. 30	13. 34	4. 31	27	2. 27. 37	1. 16. 51. 40	14. 18. 42	12. 20. 30	40	

MANCHE D'AMAZONE. Elle sert pour les trois tailles.

Horizontale.	0	3	7	30	51	54					
Verticale . .	10	16	20	17	7. 21	10					

CORSAGES DE DAME.

CORSAGE DE JEUNE FILLE. Les pinces du bas se font comme à l'ordinaire. Grosseur de poitrine 38, ceinture 32. Mesure prise sur les bras et sur les seins sans serrer, mais juste.

	1re ligne.	2e	3e	4e	5e	6e	7e	8e	9e	10e	11e
	Dos										
Horizontale.	0	1 1/2	8 1/2	13	19	35					
Verticale . .	5	0	19	17	8	3					
	Devant										
Horizontale.	0	5	8	14	21	38	42				
Verticale . .	9	8.24	3	20. 29	24. 35	24. 36	35				
	Manche										
Horizontale.	0	6	24	40	43						
Verticale . .	7	18	16	7. 19	8						

CORSAGE DE JEUNE FILLE, mêmes observations que pour le précédent. Grosseur de poitrine 42, ceinture 32.

	Dos										
Horizontale.	0	1 1/2	9	14	21	36					
Verticale . .	6	0	21	19	11	3					
	Devant										
Horizontale.	0	5 1/2	9	15	23	40	44				
Verticale . .	10	9.27	3	22. 33	25. 39	3. 28. 40	39				
	Manche,										
Horizontale.	0	8	27	45	49						
Verticale . .	8	21	19	8. 22	10						

CORSAGE DE DAME, mêmes observations que pour les précédents. Grosseur de poitrine 44, ceinture 32.

	Dos										
Horizontale.	0	1 1/2	9 1/2	15	22	38					
Verticale . .	6	0	22	20	10	3					
	Devant										
Horizontale.	0	6	9	16	24	41	45				
Verticale . .	10	9. 20	3	23. 34	25. 40	3. 28. 42	41				
	Manche										
Horizontale.	0	8	28	49	52						
Verticale . .	9	21	20	9. 23	12						

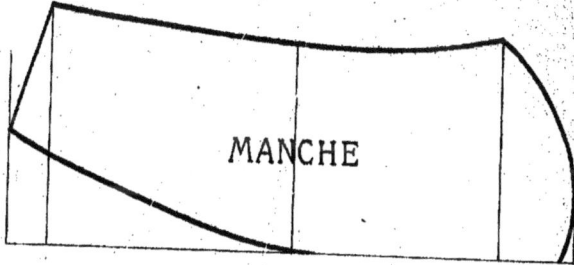

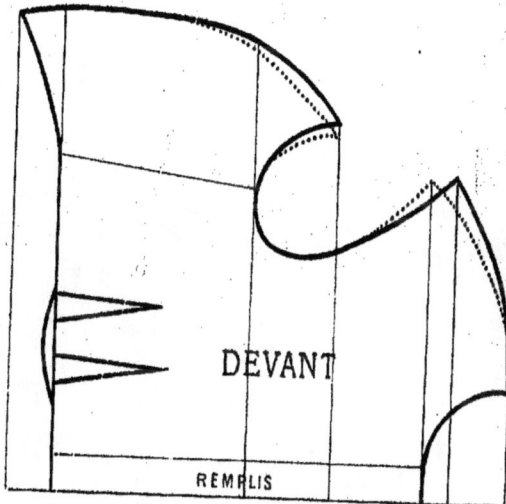

MANCHE

DEVANT

REMPLIS

Modèle de Corsage pour Dame

Les points ronds indiquent le changement à faire pour les
dames ayant les épaules basses.

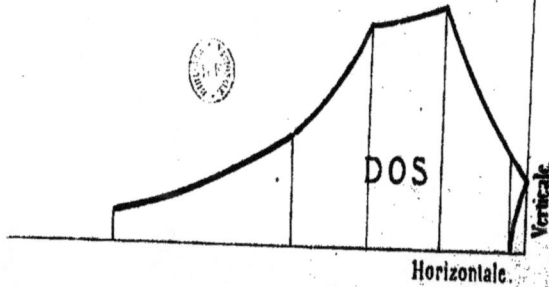

DOS

Verticale.

Horizontale.

CORSAGE DE DAME, mêmes observations que pour les précédents. Grosseur de poitrine 48, ceinture 31.

	1re ligne.	2e	3e	4e	5	6e	7e	8e	9e	10e	11e
Dos											
Horizontale.	0	1 1/2	10	15 1/2	23	39					
Verticale . .	6	0	23 1/2	22	10 1/2	3					
Devant											
Horizontale.	?	6 1/2	10	17 1/2	26	44	48				
Verticale . .	11	9 1/2, 31	4	25. 38	28. 45	4. 46	45				
Manche											
Horizontale.	0	8	30	50	53						
Verticale . .	9	23	21	9. 24	10 1/2						

CORSAGE DE DAME, mêmes observations que pour les précédents. Grosseur de poitrine 52, ceinture 37.

Dos											
Horizontale.	0	1 1/2	10	16	24	40					
Verticale . .	6 1/2	0	25	23	11	3					
Devant											
Horizontale.	0	7	11	18	27	45	50				
Verticale . .	11	10. 32	4	26. 40	31. 47	4. 48	47				
Manche											
Horizontale.	0	9	31	52	56						
Verticale . .	9	24	22	10. 25	12						

CORSAGE DE DAME, mêmes observations que pour les précédents. Grosseur de poitrine 56, ceinture 50.

Dos											
Horizontale.	0	1 1/2	11 1/2	17	26	42					
Verticale . .	7	0	26	25	12	4					
Devant											
Horizontale.	0	7	11	20	29	46	51				
Verticale . .	13	12. 34	3	28. 42	32. 50	3. 32. 51	50				
Manche											
Horizontale.	0	9	28	51	54						
Verticale . .	11	26	24	11. 27	14						

NOTA. — On forcera les pinces selon la grosseur de la cliente. On peut allonger ou raccourcir les tailles à volonté.

CARACOS.

CARACO POUR JEUNE FILLE. Grosseur de poitrine 37, ceinture 34.

	1re ligne.	2e	3e	4e	5e	6e	7e	8e	9e	10e	11e
Dos											
Horizontale.	0	2	9	14	18	28	45	52			
Verticale..	5 1/2	8	17	17	22	25	31	00			
Devant											
Horizontale.	0	5	7	17	19	31	45	51			
Verticale..	8	6.20	1	18.25	21	30	36	00			
Manche											
Horizontale.	0	1	7	25	34	40	44				
Verticale..	6	11	18	18	4.18	8.21	11				

CARACO POUR JEUNE FILLE. Grosseur de poitrine 40, ceinture 38.

	1re ligne.	2e	3e	4e	5e	6e	7e	8e	9e	10e	11e
Dos											
Horizontale.	0	2	9	14	18	28	45	53			
Verticale..	6	0	18	18	24	27	33	00			
Devant											
Horizontale.	0	5	7	17	19	31	45	52			
Verticale..	8	6.22	1	19.26	22.27	31	37	00			
Manche											
Horizontale.	0	1	7	25	34	40	44				
Verticale..	6	11	18	18	4.20	8.23	11				

CARACO POUR DAME DE PETITE TAILLE. Grosseur de poitrine 44, ceinture 39.

	1re ligne.	2e	3e	4e	5e	6e	7e	8e	9e	10e	11e
Dos											
Horizontale.	0	2	10	15	22	36	56	63			
Verticale..	6	0	20	18	24	27	34	00			
Devant											
Horizontale.	0	3	7	13	21	23	36	56	63		
Verticale..	10	9.19	2.26	1.21	21.28	23	33	40	00		
Manche											
Horizontale.	0	1	8	27	41	48	53				
Verticale..	7	12	19	19	5.23	9.26	13				

MANCHE

Horizontale

Verticale.

DEVANT

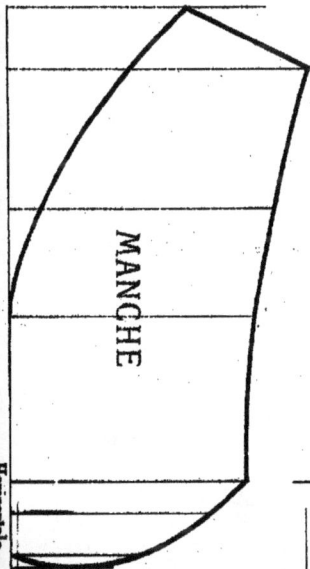

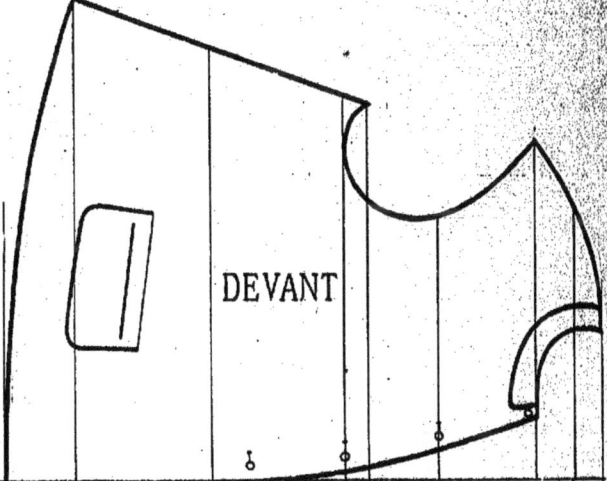

CARACO, pour Dame.

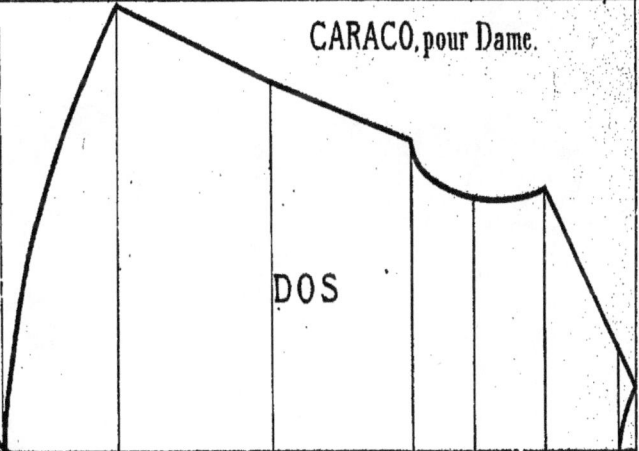

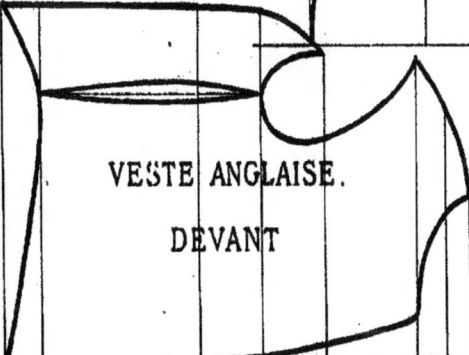

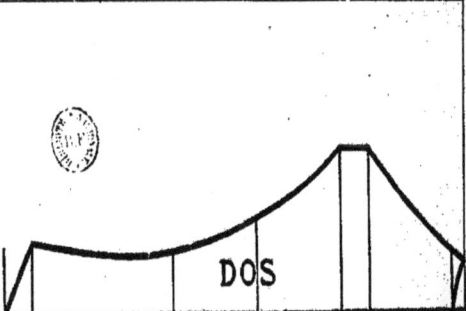

DOS

VESTE ANGLAISE.

DEVANT

DOS

Horizontale.

Verticale.

CARACO POUR DAME. Longueur d'encolure 38, grosseur de poitrine 44 à 46.

	1re ligne.	2e	3e	4e	5e	6e	7e	8e	9e	10e	11e
	Dos										
Horizontale.	0	2	10	15	22	36	56	63			
Verticale . .	6	0	21	20	26	29	36	00			
	Devant										
Horizontale.	0	3	7	13	21	23	36	56	61		
Verticale . .	10	9 1/2. 20	2.28	1.23	23.30	26	35	42	00		
	Manche										
Horizontale.	0	1	8	27	41	48	53				
Verticale . .	7	13	21	21	5.25	9.27	13				

CARACO POUR DAME. Longueur d'encolure 39, grosseur de poitrine 46 à 48.

	Dos										
Horizontale.	0	2	10	16	21	34	54	63			
Verticale . .	7	0	21	21	28	34	42	00			
	Devant										
Horizontale.	0	3	6	8 1/2	17	20	22	37	54	63	
Verticale . .	9	9.20	7.27	1. 3	22	23 31	26.32	37	46	00	
	Manche										
Horizontale.	0	1	8	27	41	48	53				
Verticale . .	7	13	21	21	5.25	9.27	13				

CARACO POUR DAME. Longueur d'encolure 41, grosseur de poitrine 52 à 54.

	Dos										
Horizontale.	0	2 1/2	10	17	23	39	55	65			
Verticale . .	8	0	25	24 1/2	31	37	44	00			
	Devant										
Horizontale.	0	4	8	17	23	25 1/2	42	57	63		
Verticale . .	15	15.27	6. 8. 34	3.28	2. 28. 38	32. 38	1.44	49	00		
	Manche										
Horizontale.	0	1	9	24	36	50	57				
Verticale . .	11	14	23	24	3.26	12. 31	19				

CARACO CROISÉ POUR JEUNE FILLE, avec revers et collet, ajusté à la taille, ouvert sur les côtés et fendu derrière. On garnit les ouvertures en velours. Grosseur de poitrine de 38 à 40. Mesure prise sur les seins.

	1re ligne.	2e	3e	4e	5e	6e	7e	8e	9e	10e	11e
Dos											
Horizontale.	0	2	11	16	20	35	54	58			
Verticale ..	6	0	19	1.18	2.19	3. 17. 20	22. 25	00			
Devant											
Horizontale.	0	4	10	19	22	32	53	57	60		
Verticale ..	12	1. 11. 20	9. 25	23. 34	28. 35	37. 40	46. 49	28	00		
Collet											
Horizontale.	0	4	19	35	40						
Verticale ..	8	9	5. 11	9	8						
Manche pagode											
Horizontale.	0	4	8	26	44	50	58				
Verticale ..	0	14	19	18	26	17	00				

CARACO CROISÉ POUR DAME, même forme que le précédent. Grosseur de poitrine de 44 à 46.

	1re ligne.	2e	3e	4e	5e	6e	7e	8e	9e	10e	11e
Dos											
Horizontale.	0	1 1/2	13	18	22	36	56	61			
Verticale ..	7	0	21	1.19	19 1/2	3. 19. 22	26	00			
Devant											
Horizontale.	0	6	10	21	24	36	53	59	62		
Verticale ..	14	1. 13. 32	12. 29	27. 37	31. 38	40. 43	47. 50	31	11		
Collet											
Horizontale.	0	5	20	34	30						
Verticale ..	9	10	5. 12	10	9						
Manche pagode											
Horizontale.	0	3	8	21	32	47	65	63			
Verticale ..	0	14	22	21	23	31	19	00			

CARACO CROISÉ POUR DAME, même forme que les deux précédents. Grosseur de poitrine de 50 à 52.

	1re ligne.	2e	3e	4e	5e	6e	7e	8e	9e	10e	11e
Dos											
Horizontale.	0	2	14	20	25	40	60	64			
Verticale ..	8	0	23	1.21	2.22	3. 21. 24	26. 29	00			
Devant											
Horizontale.	0	5	11	22	26	38	56	63	66		
Verticale ..	15	2. 15. 36	1. 13. 33	29. 41	33. 41	44. 46	52. 54	30	00		
Collet											
Horizontale.	0	5	23	41	46						
Verticale ..	10	11	5. 12	11	10						
Manche pagode											
Horizontale.	0	3	10	22	31	52	64	69			
Verticale ..	0	14	25	23	24	34	20	00			

NOTA. — Voir pour les Manches ordinaires le Caraco droit.

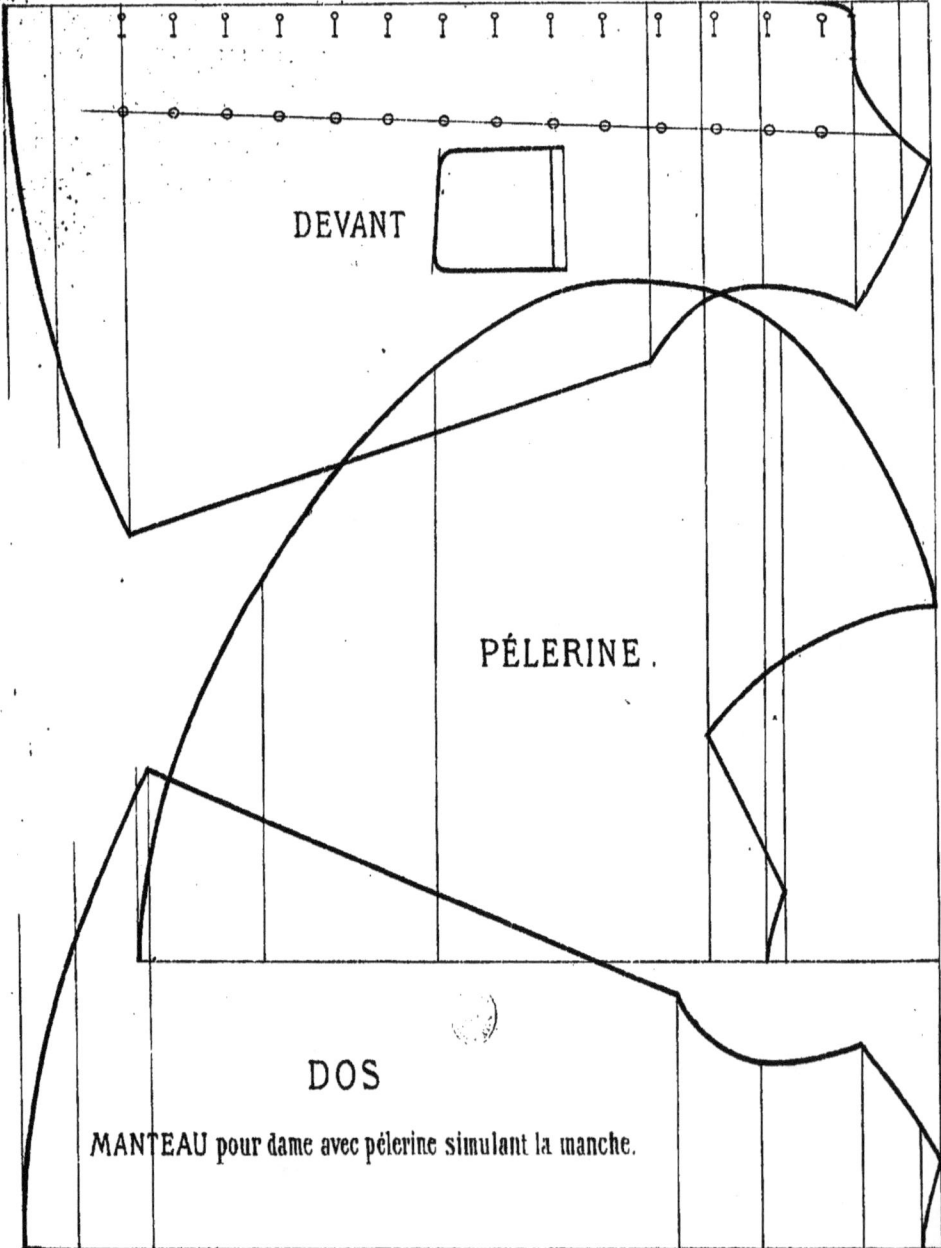

DEVANT

PÉLERINE .

DOS

MANTEAU pour dame avec pélerine simulant la manche.

Horizontale.

MANTEAUX DE DAME & BLOUSE.

MANTEAU AVEC PÈLERINE SIMULANT LA MANCHE, POUR JEUNE FILLE, il est croisé avec deux rangées de boutons et avec col. Grosseur de poitrine 40.

	1re ligne.	2e	3e	4e	5e	6e	7e	8e	9e	10e	11e
Dos											
Horizontale.	0	2	8	18	26	58	110	118	123		
Verticale . .	7	0	19	17 1/2	24	39	63	38	00		
Devant											
Horizontale.	0	3	7	16	21	26	58	115	121	126	
Verticale . .	14	12	1. 7. 28	25	26	33	44	62	32	00	
Pèlerine											
Horizontale.	0	15	16	22	46	61	73				
Verticale . .	33	7. 27. 56	00	20. 57	52	35	00				

NOTA. — La longueur de ce Vêtement se détermine selon la hauteur de la personne qui doit le porter.

MANTEAU AVEC PÈLERINE SIMULANT LA MANCHE, POUR DAME, mêmes observations que pour le précédent. Grosseur de poitrine 44.

Dos											
Horizontale.	0	2	8 1/2	11	19	20	64	115	127	134	
Verticale . .	7 1/2	0	21	20	20	29	45	68	36	00	
Devant											
Horizontale.	0	3	8	18	23	29	64	119	128	133	
Verticale . .	15	13	1. 8. 30	27	29	36	49	70	35	00	
Pèlerine											
Horizontale.	0	17	18	27	51	68	85				
Verticale . .	37	7 1/2. 30. 62	00	23. 65	59	43	00				

MANTEAU AVEC PÈLERINE SIMULANT LA MANCHE, POUR DAME, mêmes observations que pour les précédents. Grosseur de poitrine 48.

Dos											
Horizontale.	0	2	9	21	31	70	118	131	138		
Verticale . .	8	0	23	21	20	40	72	40	00		
Devant											
Horizontale.	0	4	8	19	25	31	70	123	135	139	
Verticale . .	16	14	1. 33	30	31	40	54	74	36	00	
Pèlerine											
Horizontale.	0	18	19	26	55	74	88				
Verticale . .	40	8. 32. 07	00	24. 69	62	42	00				

MANTEAU AVEC PÉLERINE SIMULANT LA MANCHE, POUR DAME, mêmes observations que pour les précédents. Grosseur de poitrine 52.

	1re ligne.	2e	3e	4e	5e	6e	7e	8e	9e	10e	11e
Dos											
Horizontale.	0	2	9	21	32	75	120	133	139		
Verticale . .	9	0	24	23,	32	52	75	36	00		
Devant											
Horizontale.	0	5	9	21	32	72	122	132	139		
Verticale . .	17	15	1. 34	31	41	57	76	45	00		
Pélerine											
Horizontale.	0	18	19	27	43	65	88				
Verticale . .	42	9. 34. 69	00	26. 71	.70	55	00				

MANTEAU DE DAME, à deux coutures. Grosseur de poitrine de 46 à 52. Si la dame était plus forte, il faudrait allonger l'enclure de 0m,01 de chaque côté,

Dos											
Horizontale.	0	3	7	13	18	20	46	78	94	120	
Verticale . .	7 1/2	15	23	20	22	28	42	64	74	00	
Devant											
Horizontale.	0	5	10	18	22	23	49	81	78	107	
Verticale . .	. 10	8. 22	23	22	24. 32	26	46	67	78	00	
Manche											
Horizontale.	0	2	. 12	27	37	47	59				
Verticale . .	14	7. 20	4. 28	29	35	2. 26	7				

MANTEAU DE DAME, sans Manches, avec suçons sur les épaules. On le mettra à la mesure de longueur. La dame doit avoir de 48 à 50 de grosseur de poitrine.

Horizontale.	0	10	17	20	23	25	40	60	72	85
Verticale . .	25. 98	21	15. 24. 92	13. 23. 26	8. 29	5. 6	3. 75	. 2. 75	42	00

NOTA. — Ce Manteau se coupe à drap ouvert pour éviter les chanteaux, ce modèle peut servir pour faire le Crispin pour homme. Le Dos et le Devant sont de deux morceaux avec une couture au milieu du Dos.

BLOUSE D'ENFANT AGÉ DE 10 A 12 ANS. Cette Blouse n'a qu'une petite ouverture sur le devant dans le haut avec sous-patte. On la met avec une ceinture.

Dos										
Horizontale.	0	3	5	11	16	35	50	56	65	
Verticale . .	7	15	23	23	29	38	50	39	00	
Devant										
Horizontale.	0	6	9	15	18	32	42	52	62	67
Verticale . .	13	11. 31	6	27	34	39	45	54	36	00

NOTA. — La Manche de cette Blouse est droite et plissée du bas avec Parement étroit. Voir page 32.

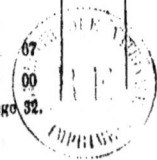

1035. — ABBEVILLE, IMPRIMERIE BRIEZ, C. PAILLART ET RETAUX.

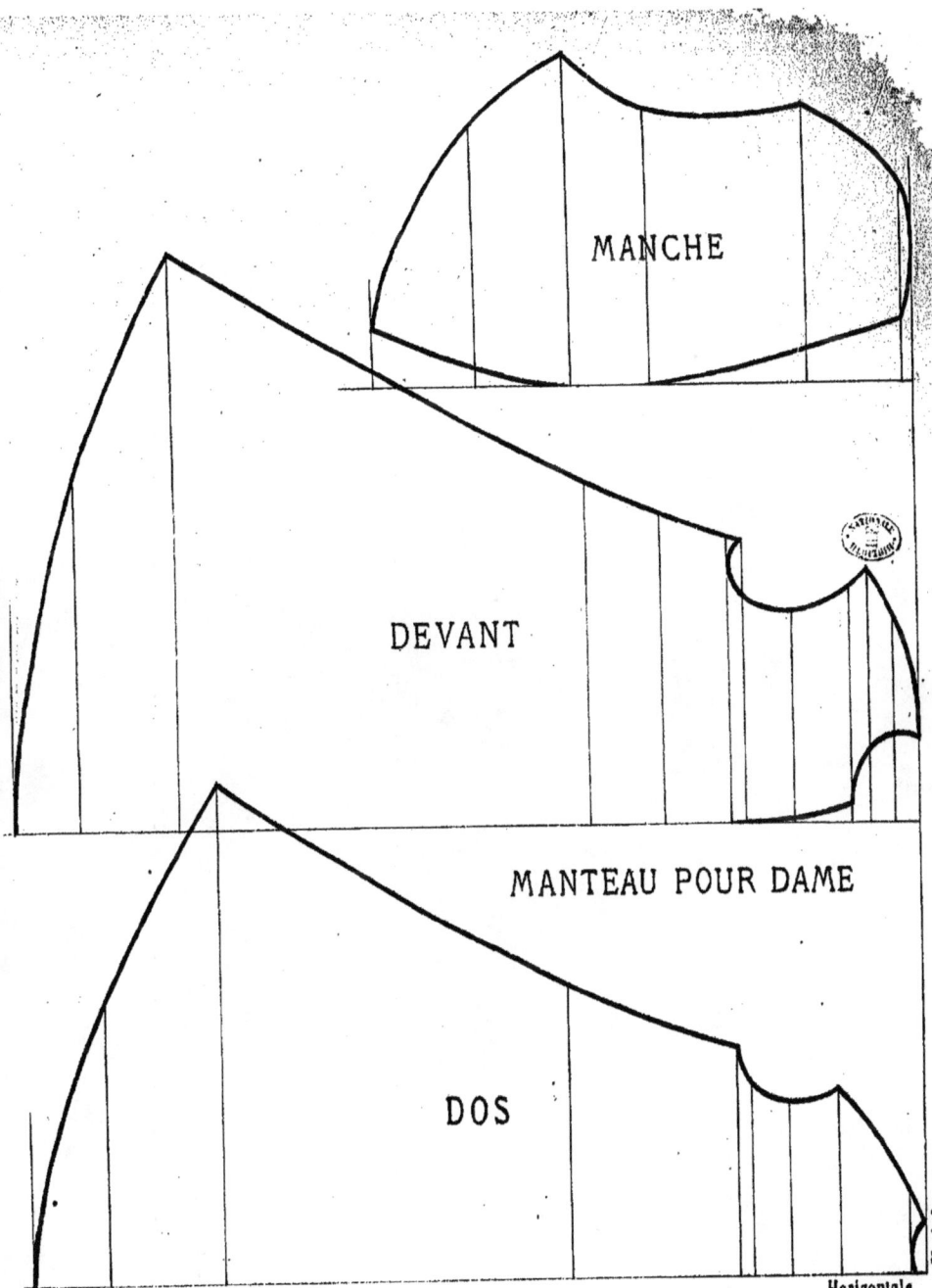

MANCHE

DEVANT

MANTEAU POUR DAME

DOS

Horizontale.

Verticale.

MANTEAU DE DAME

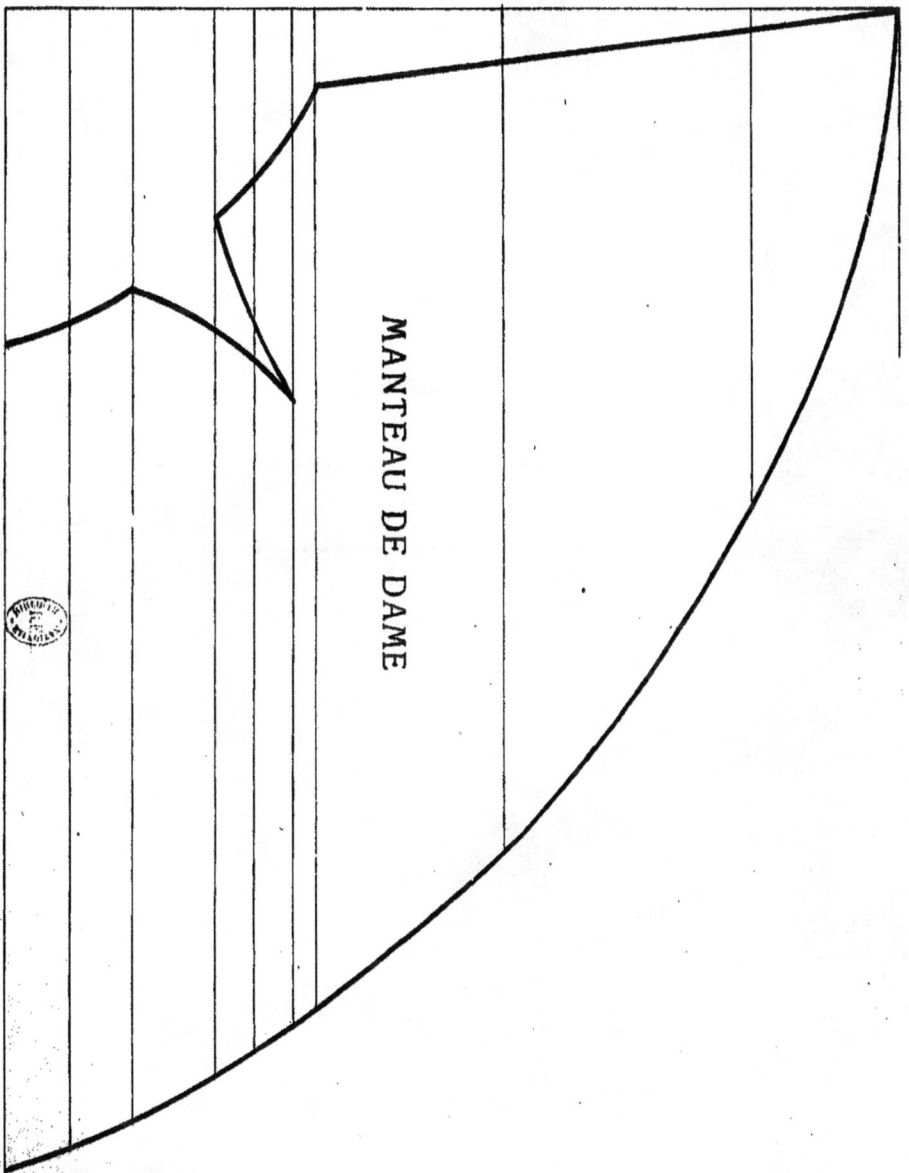

ABBEVILLE

IMPRIMERIE BRIEZ, C. PAILLART ET RETAUX

www.ingramcontent.com/pod-product-compliance
Lightning Source LLC
Chambersburg PA
CBHW070416090426
42733CB00009B/1695